今選ぶなら、
地方小規模私立大学！
～偏差値による進路選択からの脱却～

編著・報告

大森昭生　共愛学園前橋国際大学

成田秀夫　河合文化教育研究所

山本啓一　北陸大学

吉村充功　日本文理大学

Raison Create
レゾンクリエイト

「特別対談」

立教大学　教授
中原　淳
×
河合文化教育研究所　研究員
成田秀夫

今 社会で求められている力と大学が果たすべき役割

今、社会で求められる力というものは、どのように変化しているのだろうか。また、その過渡期の中で、大学にはなにが求められているのだろうか。企業の人材開発や人材マネジメントを専門に研究を行う、立教大学経営学部教授中原淳氏に話を聞いた。

「社会で求められる力」の変化

成田　今、日本の大学教育と社会との接続はうまくいっているのでしょうか?

中原　現在、教育機関と社会との接続は以前よりもスムーズにいかなくなっているといえるでしょう。さらに、その段差がどんどん大きくなっている。かねてから、教育機関で教えられている内容とビジネスの現場で求められている能力との間には、少なからずギャップがありました。しかし、かつてはその段差がそれほど大きくなく、入社後に企業内教育を施せば埋められる程度のものでした。

ところが今、ビジネスの世界は複雑化、スピード化が進行し、仕事の難度が上昇。特に昨今では、定型業務の機械化・ロボット化が進み、「仕事の高度化」に拍車がかかり、その段差はどんどん大きくなってきています。

そこで、企業内教育だけでは対応できなくなってきた企業側から、「教育機関でもなんとかしてほしい」と要望が出はじめているのです。

成田　教育機関と企業との間の段差が大きくなっている、ということですが、企業は学生たちにどのような力を身につけてほしいと考えているのでしょうか。

中原　いくつかありますが、「チームで働く力」や「リーダーシップ」、そして脳がちぎれるほど考えて「新しいものを生み出す力」などでしょうか。あとは、「学び続ける力」ともいわれる、「学び続けるマインド」も必要です。

「人生100年時代」などといわれますが、これからは仕事人生が長くなり、1つの企業で同じ仕事をして定年まで勤めるということが難しくなります。新しい組織に移ったり、ゼロから学んで新しい仕事をはじめたりするような経験を何度もすることになるはずですから、「学び続ける力」は不可欠となるでしょう。

成田　では、大学は社会の変化にどのように対応したらいいのでしょうか?

教育機関と仕事世界のあいだの「段差」

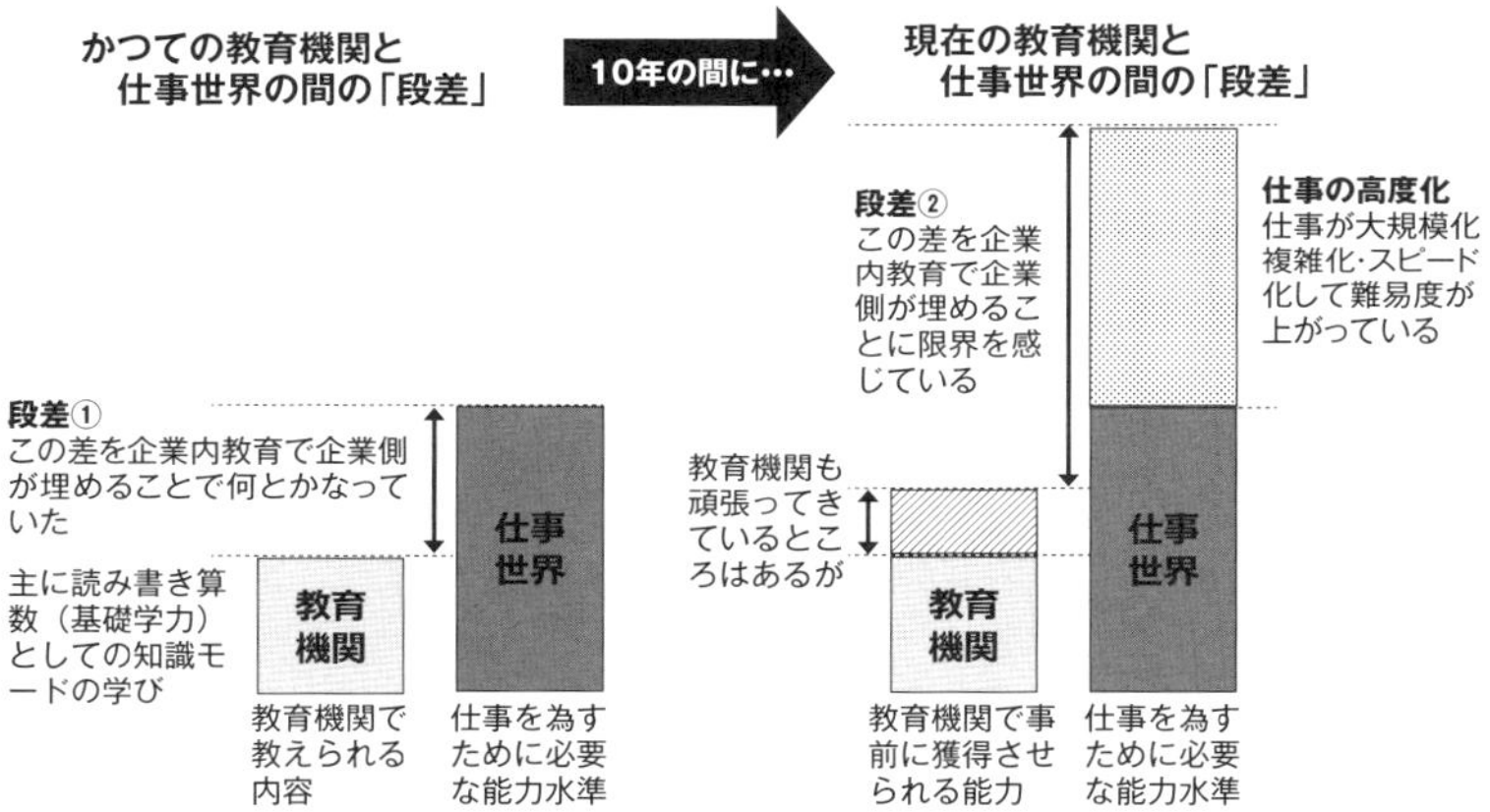

出典：『ひとはもともとアクティブ・ラーナー！～未来を育てる高校の授業づくり』（北大路書房）
山辺恵理子、木村充、中原淳編著、堤ひろゆき、田中智輝著から編集部が作成

中原　端的にいえば、学生たちが実際に企業で働く際に必要となるこれらの力を身につけられるような「経験」を提供することです。これまでは、入社後に企業が提供していた経験を積む機会を、前倒しして大学でも提供してほしい、という要望なわけです。

しかし、それはこれまで大学があまり扱ってこなかった分野。知識主義か経験主義か、といわれれば、これまでの大学は圧倒的に知識を系統的に学ぶという要素が強かったように思います。現在は、それだけでは不十分になってきているのです。

成田　なるほど、社会で活躍するために必要な力を養うための「経験」を前もって積んでおくことが、大学と社会をつなぐ鍵となるわけですね。

中原　そう思います。先ほど私が挙げた企業が学生に求める能力は、どれも「認知能力」というよりはＩＱなどでは測れないいわゆる「非認知能力」と呼ばれる力に近いものばかりです。そのため、こうした能力を身につける「経験」を提供することが得意な大学とそうでない大学とでは、この先、大きな差が出てくるように思います。

大学を変えるポリティカルな力

成田　大学は、こうした社会からのニーズに応える形で変わっていくべきだと思いますが、変わるためには何が必要でしょうか。

中原　経営的な視点を持つことが求められていると思います。少子化が進む日本において、大学は今、非常に厳しい状況に置かれています。大学の数が多すぎるのです。大学の教員も、大学経営者もどう生き残るのか、経営的な視点を持って真剣に考えなくてはならない時代が到来しています。今後、2030年までに18歳人口は5分の1に減るはずです。これは、「とてつもない変化」だと思います。企業の経営者が聞いたら、ひっくりかえるくらいの変化です。しかも、人口の問題なので、「前もって予想」できているはず。

ところが、そうした危機感を持った大学関係者は非常に少ない。思い切って経営改革をしようという人が、出てきにくい状況なのです。

成田　その点は、大学の組織構造も問題があるように思います。

中原　組織構造上の問題で最も大きいのは、「ガバナンスの統一性」がないことです。さまざまなケースがありますが、誰が最終決定をするのか、誰が責任を取るのかが明確ではないのです。

企業でも、社長がいて、取締役会や事業部長会などがあり、物事がなかなか進まないということはもちろんあります。しかし、大学ほど責任の所在が判然としないことはありません。私はこの組織構造上の問題に手をつけない限り、大学は変わっていかないと思っています。あと、数年の大学上層部の任期にも問題があるでしょう。たとえば任期が2年の役員など、意味がありません。

成田　2年ではなにもできないということでしょうか。

中原　できない、というより、「変えるな」というメッセージであるとすら思えます。何かを変えるには、短くても4年は必要です。新しい部署に異動した場合、1年目には観察し、2年目で少し動き出し、3年目でグッとレバレッジをかけて、4年目で手離れをする。少なくとも、そのくらいのスパンが必要なのです。

成田　私がなぜこの本を書こうかと思ったかというと、「目の前にいる学生をなんとかしなきゃいけない」という使命感を持った良心的な先生たちが大学を変えようと奮闘しては、挫折していく姿を数多く見てきたからです。自分たちの活動を広げようと仲間と一緒に頑張っても、大きな壁にぶつかり、なかなか広げていくことができない。それを突破するためには、もう少し上の問題、まさに「組織構造上の問題」を変革していかなければならないと思ったのです。その重要性を伝えていければと思い、本書を企画しました。

中原　組織を変えていく上での基本中の基本は、キーマンと一緒に改革を握っていくということです。学生たちのことを思い、頑張っている大学の先生方はたくさんいらっしゃると思います。しかし、結局、現場の熱意だけでは持続可能性が低い。課題は、キーマンつまり経営陣と取組みを進められていないことなのです。

成田　経営陣と改革を握るというと？

中原　たとえば、学部の中でやる気のある層でコアチームをつくり、危機感を醸成していきつつ、みんなを乗せていくというストーリーを描いたとします。重要なのは、その描いたストーリーを実務に落とし込み、回していくためのプロセス。そのプロセスの中で、経営陣に向けた政治的動き、つまりポリティカルマターが必要なのです。

成田　残念ながら、多くの大学の先生たちは、そうしたポリティカルなことに興味ない人が多いですよね。

中原　そうですね。組織内政治をやりたくて研究者になった人は、ほぼいません。ですので、仕方がない側面もあります。しかし、その中でも、年齢があがっていくにつれて統率力を備えていく人も出てくる。少なくとも、将来大学の経営者になりそうな人には若いうちから学ぶ機会があった方がいいように思います。昔は学部長補佐や学長補佐といったポストがあり、それが次世代育成につながっていたこともあったようですが、今ではそれもなかなか難しいという現実があります。

教育改革が成功している大学の共通項

成田　本書で取り上げた北陸大学・共愛学園前橋国際大学・日本文理大学の3大学は、若手を積極的に抜擢し、権限を委譲して任せ、その人たちが中心になって学部や大学を動かしています。彼らはまさに学部長や学長、理事長というキーマンと連携が取れているように思います。

中原　まさにそれが、変革が成功するモデルです。キーマンの経営者がいて、しっかりとしたトップのコミットがある。そして中間管理職、ミドルもうまく乗せ、コミットメントを引き出している。さらには、熱意ある若手のチームがある。この三位一体があれば、ある程度組織を動かせるように思います。

　つまり、やる気のある教員がいて、トップの学部長・経営者ときちんとハンドリングしていれば、むしろこれほど楽しいことはない。あと、経営者がまともであれば、小回りの利く小規模の大学であるほうが、改革を進めやすいですよね。大きな総合大学だと、スピード感を持って改革をするのはなかなか難しい。

成田　おっしゃる通りです。変革が成功する大学のエッセンスが全部出てきましたね。では、大学に変革をもたらすために、経営者、トップが果たすべき役割とはなんでしょうか。

中原　そうですね。トップができるのは、戦略的なメッセージングで揺さぶりをかけ、ミドルを起こすことでしょうか。ミドルが起きてきたところで、若い人を抜擢し、コアチームをつくる。

成田　日産のカルロス・ゴーンなどは、まさにそのように改革をしていましたよね。

中原　そうですね。うまくいった多くの改革はその形。トップがあれこれ細かく指示をして進む改革というのはあまり見たことがありません。ただ、揺さぶりをかけるというのは、耳の痛いことをいわなければならないわけです。だから、嫌われるということでもあるでしょう。トップは、腹をくくる覚悟が必要です。

成田　トップマネジメントとミドルマネジメントという概念がありますが、それぞれが発揮するべきリーダーシップはどう違うのでしょうか。昨今はフォロワーシップや、権限のないリーダーシップということもいわれますが、どう整理なさっていますか。

中原　私は、リーダーシップとは、「現象」だと思っています。リーダーシップを山登りに例えると、まず登る山の高さ、目指すべき山を決める必要があります。それを決めるのは、トップの役割です。これは、ボトムアップだけでは決められません。いざ、登る山が決まったら、どんなメンバーとどんなルートで登るのかを決め、声掛けをしながらチームを動かしていくのがミドルの役割です。ですが、声掛けをするのは、もしかしたら各チームメンバーに任せてもいいかもしれない。これが、フォロワーシップです。

成田　なるほど。大学の経営者は、自分たちの大学の置かれている状況や、世の中の動き、資本力など、さまざまな条件や制約などを吟味した上で判断し、ぶれずに進むべき方向性を示すことが求められるわけですね。

中原　そうですね。経営トップがすべきことは、まず今大学が置かれてる状況を見える化すること。経営において考えるべき戦略とは結局、「何を提供するのか、どう提供するのか、そのために（組織内には）何を持つのか」の3つだけです。大学でいえば、これに加え、「どんな学生を育てるのか」というのが根幹にくる。

そしてそれをどうやって提供するのかというプラン

も必要。たとえば、アクティブ・ラーニングを提供しようにも、できる教員がいなければ無理です。だから何を持っているのか、経済的資源や人的資源も考えなくてはなりません。こうして現状の見える化ができたら、経営層で対話し意見をすり合わせ、未来を構想する。これを使って、戦略的にマネジメント層が揺さぶりをかけていくのです。

成田　本書で取り上げた3大学は共通項があるとともに、オリジナリティのある取組みで、改革を推進してきました。

中原　以前に比べ、どのような経営戦略でいくのか、大学経営のとれる選択肢は爆発的に増えました。地域に根差して小さくても明確なターゲットに絞って学生を育てていくのか、他大学も一緒に飲み込むことで規模の経済をとるのか、など選択肢は多々あります。そう考えると、どれも険しい道なのはたしかですが、今の時代に大学経営をするということは、とてもエキサイティングなことだと思います。

はじめに

今、日本の大学教育に何が起きているのでしょうか?

私たち「大人」が大学受験をした頃とは、大きく異なる事態が起きています。大学・高校関係者のみなさんはもちろん、進路を選ぶ保護者や高校生自身、そして、卒業した学生たちを受け入れるビジネス現場の方々にとって、それは必ず知っておいてほしいことです。本書では、理論と事例で大きな過渡期にある大学教育の今と未来を伝えていきます。

私たちは、大学関係者、教育関係者が一緒になって、大学教育についてや大学組織のあり方を考える「大学リーダーシップ研究会」を立ち上げました。過去から現在にかけて、どう教育が変わったのか、そして、今後どう変わっていく必要があるのかを社会と教育現場を鑑みて日々議論を重ねています。

まずは、そこで見えてきた、4つの議題をこれから丁寧にお話していきたいと思います。

その1 「偏差値教育」の崩壊

これまで一般的に、偏差値の高い大学を卒業した学生が優秀だとされてきました。しかし実際には、偏差値の高い大学を卒業したのに就職ができない学生もいれば、就職しても期待通りに活躍できない学生もたくさんいます。

どうして、そのようなことが起こるのでしょうか?

それは、偏差値が万能なモノサシではないからです。

しかし、偏差値の高い大学は羨望の眼差しを受け、偏差値の低い大学は「教育困難大学」だとレッテルを貼られる構造は今までずっと続いてきました。

「偏差値の低い大学には、まともに講義が聞けない学生、学ぶ意欲のない学生がたくさんいる」などとマスコミは囃し立てます。けれども、恐ろしいことに、偏差値が上位の大学でもこの実情は変わりません。教える側の問題を抜きにして、学生の入学時点での偏差値だけで大学教育の質をはかることは決して公平ではありません。

このことが物語っているのは、「偏差値というモノサシだけで、教育の成果をとらえてきたツケが回っている」ということです。おおぜいの学生が、「狭き門」をくぐって大学に進学していた時代には「偏差値による選別」が機能していました。しかし、大学が大衆化し、18歳人口が減少する現在では、それがあまり意味をなさない。そして、グローバル化した変化の激しい現代では、もはや1つの基準だけで教育の成果をとらえることは不可能なのです。まさに、多様性（ダイバーシティ）が求められているといえます。

その2 「まっとうな教育」をしている大学が選ばれる

「偏差値」が万能なモノサシとしての機能を失った現在、受験生の支持を集めている大学があります。

通常、大学が学生募集を増やそうとする場合、学部や学科の再編や名称変更、校舎の新設にリノベーションといったファシリティ（施設）の充実という手段を講じるところが多い。はたまた、就職部やキャリアセンターによる就職支援で魅力を高めます。そして、多様な入試形態・日程の設定をし、学生が入試を受けられる機会を増やす。積極的な受験生の募集活動を実施し、教育の周辺部でさまざまなことが企画されてきました。

お気づきのように、これらの取組みは大学の外側、「見た目」をよくするものであり、本丸である「教育」そのものを改善しようとしているわけではありません。

それでも、このような取組みをすることで、今まではそれなりに受験生を集めることができました。

しかし、現在、こうした方法は限界を迎えています。どんなに外側を着飾っても、受験生が集まらない。そんな過酷な状態を迎えた大学が出てきたのです。

むしろ、教育そのものの質を向上させた大学が受験生を集められるようになっています。

たとえば、理工系では金沢工業大学が有名です。「夢工房」をはじめとした、自ら学び自ら考えて課題を解決する「学びの仕掛け」が高く評価され、受験生だけでなく高校の先生方の支持を得ています。

文系学部でも同じようなことが起きています。立教大学の経営学部は、立教大学のなかでは最後発の学部でしたが、講義とアクティブ・ラーニングを融合させた質の高い教育を展開した結果、先輩から後輩へと大学のよさが伝わり、自然に志望者が増えています。

一言でいえば、「まっとうな教育をしている大学が選ばれるようになった」ということ。考えてみれば、これは至極当然のことでしょう。

その3　教育改善には「組織開発」が不可欠

「大学の教育を充実させる！」と言葉では簡単にいえますが、実行するのは容易ではありません。

失敗例は、山ほどあります。

たとえば、現場の先生が孤軍奮闘して燃えつきる「孤立無援タイプ」、組織のトップが強引に旗を振っても誰もなびかない「裸の王様タイプ」、主任1人が頑張りすぎてメンバーが疲弊する「玉砕タイプ」、教育改善センターはつくったものの機能していない「あるだけセンター（言い訳センター?）タイプ」などです。

失敗の原因は、どこにあるのでしょうか。それは、改革を個人の力量だけに任せているというところにあります。上層部、ミドルマネージャーと現場が、それぞれバラバラに動いていたのでは同じ方向に大学を進めていくことはできません。

改革がうまくいっている大学は、上層部、ミドル、現場がそれぞれの役割を果たしつつ有機的に連動しています。言葉にすれば当たり前のことですが、これができる大学は、実は少ないのです。各メンバーが効果的に動くためには、小回りのきく小（中）規模大学はとても有利です。

本書の事例をご覧いただければ、「組織開発なくして教育改革なし」という鉄則がいかに大切であるか、ご理解いただけるでしょう。

その4　高校・大学・社会が連携した新しい「学びのカタチ」

本書では、大学内部の教育にとどまらず、大学と地域が連携した新しい「学びのカタチ」がつくられつつあることをご紹介します。

これまでにも、大学生が地域の商店街や企業・自治体と協力して町おこしをしたり新商品開発をしたりする取組みはなされてきました。けれども、地域や企業・自治体は学生の学びの「場」を提供することにとどまっていました。現在の新しい動きでは、地域の人々が学生の学びを引き出す役割を担うようになったり、大学そのものが地域を活性化させる拠点となったりと、地域と大学が一体化する方向に進んでいます。

こうした取組みは、中央が地方をコントロールするという形ではなく、地域が地域として独自の力をつけている現れです。そして、大学と地域の関係は一方的なものではなく、大学が地域を活性化させ地域や自治体が大学の価値を引き出すという互恵的な関係になっています。こうした動きは、日本の未来をつくる「教育の新しいカタチ」

になっていくでしょう。

こうしてみると、いま唱えられている「高大接続」の教育改革は、高校と大学だけの接続ではなく、高校、大学、社会をつないだものであるべきです。そして、この改革のいちばん大切なポイントは、地域で生きている人々が連携して活力ある未来をつくろうとしているということです。

もしかしたら、「また国の方針を受けて、きれいごとをいっている!」と思う方もいるかもしれません。しかし、決して誤解しないでください。文部科学省（以下、文科省）がやれというから、経済界がやれというから行っているのではありません。それぞれの現場で生きている人々が、それぞれの切実な思いを抱いて、教育的取組みを進めているのです。

本書は、「大学リーダーシップ研究会」のメンバーで編著・報告をしました。第1章から第3章は、河合文化教育研究所の成田秀夫が担当しました。内容は、「戦後最大の教育改革」と呼ばれている大学入試改革についてお伝えします。大学入試が変わるということは、大学の教育内容が変わるということです。そして、当然のことながら、その入試に対応するべく高校、中学での授業も変わるのです。

また、多くの大学が現在置かれている「崖っぷち」の状況をお伝えします。全国に746校ある大学（平成29年度）が大きな岐路を迎えています。

そして、第4章以降では、先進的な取組みを進めている、北陸大学を山本啓一先生が、共愛学園前橋国際大学を大森昭生先生が、日本文理大学を吉村充功先生・高見大介先生が紹介します。

お伝えした通り、組織開発から教育改革を行うには、地方にある小（中）規模の私立大学が大変有利です。しかし、地方の小規模私立大学ならばどこでも改革が進んでいるかというと、そういうわけではありません。どんな取組みをすれば大学が変われるのか、3大学の取組みをじっくりお読みください。

もくじ

社会と高校・大学をつなぐ

第 1 章

2020年大学入試改革と
これからの地方私立大学の役割

今、なぜ入試改革が行われるのか？

◆二人の学生の軌跡から考える学力や入試の問題

今日本の教育で起きている問題を、２人の学生の軌跡から考えてみましょう。

まず、A君のお話です。A君は、高校時代、部活動はせずに授業が終わるとすぐに帰ってしまう、いわゆる「帰宅部」でした。塾のある日は早めに行って自習室で勉強し、まじめに講義を受けています。帰宅後は、自分の部屋でゲームしたり漫画を読んだり好きなことをしていました。体育祭や文化祭などの学校行事にはあまり参加せず、どちらかというと内向的な性格です。塾でコツコツ勉強した甲斐もあり、現役で難関国立大学の情報工学部に合格しました。

大学でもまじめに勉強し、授業にはかかさず出席して、ノートを取っていました。成績も優秀。大学院の修士課程に進みましたが、研究者になるのではなく、修士課程を卒業して企業に就職するつもりです。

次の例は、Bさんです。性格は明るく社交的で、周りにはいつも人が集まっていました。高校時代、チアリーディング部で活躍し、大会でも優秀な成績を収めました。ただ、あまり勉強は得意ではなかったので、一般入試を避けてＡＯ入試で難関私立大学の国際教養学部に合格しました。

大学時代も持ち前の明るい性格をいかし、授業やサークル活動を通して幅広い人脈をつくりました。どちらかというと、サークル活動やマスコミ関係のアルバイトが中心で、授業はおろそかになりがちでした。けれども、幅広い人脈を駆使して試験情報を集め、単位を落としたり留年したりすることはありませんでした。将来は大手のマスコミで働きたいと思っています。

さて、読者のみなさん、この2人がその後どうなったのか考えてみてください。まず、２人の就職活動の成果はどうだったでしょうか。そして、30歳ころ、いわゆるアラサーになって活躍しているのはA君でしょうか、それともBさんでしょうか。

同じことを高校や大学の先生方に尋ねると、A君と答える方が1割ほどで、Bさんと答える方が8割近くです。さてあなたの答えはどちらでしたか？

では、実際は、どうだったのでしょうか。

実はA君、まじめに就職活動をしましたが、ことごとく面接で弾かれてしまいました。理由は、「コミュニケーション能力に問題がある」ということでした。

その後、ゼミの先生の尽力で企業に就職することができました。専門の知識をいかせる企業だったこともあり、持ち前のまじめさできちんと仕事をこなし、30歳を過ぎた頃にチームリーダーに昇進しました。しかし、部下たちからの評判はあまりよくありません。自分ひとりで仕事を抱えてしまい、リーダーとしての役割を果たすことができないのです。部下から、「残念な先輩」と呼ばれていることをA君は知りません。

では、人気の高いBさんはどうだったのでしょうか。大手のマスコミ各社にエントリーシートを出しましたが、ＳＰＩの試験で必要な点数が取れず、面接まで進めませんでした。

大手は諦めて、中堅出版社で働きはじめたBさん。持ち前の明るさで、社内や取引先との関係も良好です。30歳を前にして、企画チームのリーダーになりましたが、企画会議を終えた仲間や部下の表情は冴えません。Bさんが会議を取りまとめ、プロジェクトの進捗を管理するはずなのですが、企画立案や問題解決はすべて他人任せなのです。どうやらBさんのひまわりのような笑顔は仕事には向いていないようです。

「A君とBさん、どちらが活躍しているか」と尋ねておきながら、「実はどちらも問題をかかえていた！」というのが話のオチです。しかし、これこそが、今盛んに議論されている「高大接続教育改革・入試改革」につながる問題の核心なのです。

◆変化の激しい社会に教育が追いつかない

A君、Bさん、この2人の例を大学の先生方や企業の人事担当の方にお話しすると、すぐに納得していただけます。大学から社会へ送り出す側、大学から社会に受け入れる側、その両者が「教育と社会の断絶」についていて強い危機感をいだいているからです。

しかし、こうした事実を意外に知らないのが高校の先生方と保護者のみなさんです。

高校の先生方からみれば、この2人はともに進学実績を出してくれた「良い子」です。A君は、偏差値の高い難関国立大学に進学した優等生であり、Bさんも部活動では難関私立大学のAO入試をクリアするだけの実績を持っていました。

保護者のみなさんも、考え方はほぼ同じではないでしょうか。偏差値の高い有名大学に入学できたのだから、将来は安泰とまではいえなくても、就職して社会で活躍できるだろうと安心しているはずです。

このように高校と大学の関係だけで見ていると、この2人は何の問題もない「よい子」なのです。

ではなぜ、このようなことが起きてしまったのでしょうか?

その理由は、巻頭対談の立教大学経営学部教授の中原淳先生の話にもあるように、大学までの教育機関と社会との間に大きな段差があるからです。別のいい方をすれば、学校の成績と社会の求める力にミスマッチがあるということです。つまり、「社会の変化に教育が追いついていない」のです。

ですから、A君、Bさんが社会人として問題をかかえていても、2人が悪いとはいえません。なぜならば、2人とも「学校の基準」では何の問題もないですし、自分たちも学校で身についた価値観を疑ったことがないと思うからです。その価値観のもとになっているのが偏差値だとしたら、いったいどうしたらいいのでしょう?

◆「偏差値信仰」を超えて

そもそも、なぜ偏差値に頼った教育が行われてきたのでしょうか。この点についてはすでに識者のみなさんが語っていますので、あえて「予備校」の視点から考えてみたいと思います。なにせ世間では予備校こそ偏差値の元凶だと思われていますから、名誉挽回か恥の上塗りかは別として、予備校関係者だからいえることがあると思っています。

私が見るところでは、偏差値がこれほど日本の大学に影響を与えるきっかけになったのは、「皮肉にも」１９７９年から導入された「大学共通第一次学力試験」、通称「共通一次」からだと思われます。

それまで、国立大学は一期校・二期校があり、受験生は国立大学を2回受けるチャンスがありました。各大学の入試問題にはそれぞれ特徴があり、中には難問・奇問も少なからずあって、受験生を悩ませていました。この時期に、「入試地獄」「受験戦争」などという言葉もつくられたほどでした。予備校もそれぞれの地域の大学入試を得意とする「老舗」があり、いわば全国の予備校は群雄割拠の時代を迎えていたのです。

そこで入試問題の難問・奇問をなくし入試地獄を緩和する目的で導入されたのが共通一次でした。先ほど「皮肉にも」といったのは、よかれと思って導入された共通一次が結果として全国の大学の序列化を進めることになったからです。

共通一次が実施されたことにより、高校もそれに合わせた入試対策をスタートさせます。当然、予備校をはじめとする受験産業も対策を講じ、共通一次に準じた全国規模の模擬試験が実施され、大規模な模試を運営できる大手予備校が全盛期を迎えます。駿台、河合、代ゼミが衛星放送を使って全国ネットで授業を配信し、３大予備校の頭文字を取って「ＳＫＹ戦争」などと呼ばれた時代でした。

しかし、ここで大きな問題にぶつかります。年に数回行われる模擬試験の難易度をまったく同じにすることは技術的に不可能です。１回目の模試で60点、２回目の模試で70点を取ったとしても、２回目の模擬試験の全国順位が下になることもあります。そこで登場したのが、「偏差値」でした。

通常、テストの得点分布にはバラつきがあります。仮に、２回のテストの平均点が50点でも同じような得点分布になるとは限りません。１回目は、50点近くに大きな山がありバラツキ（標準偏差）が小さく、２回目は50点を中心にしてなだらかな山になっていてバラツキ（標準偏差）が大きかったとします。ある人が、

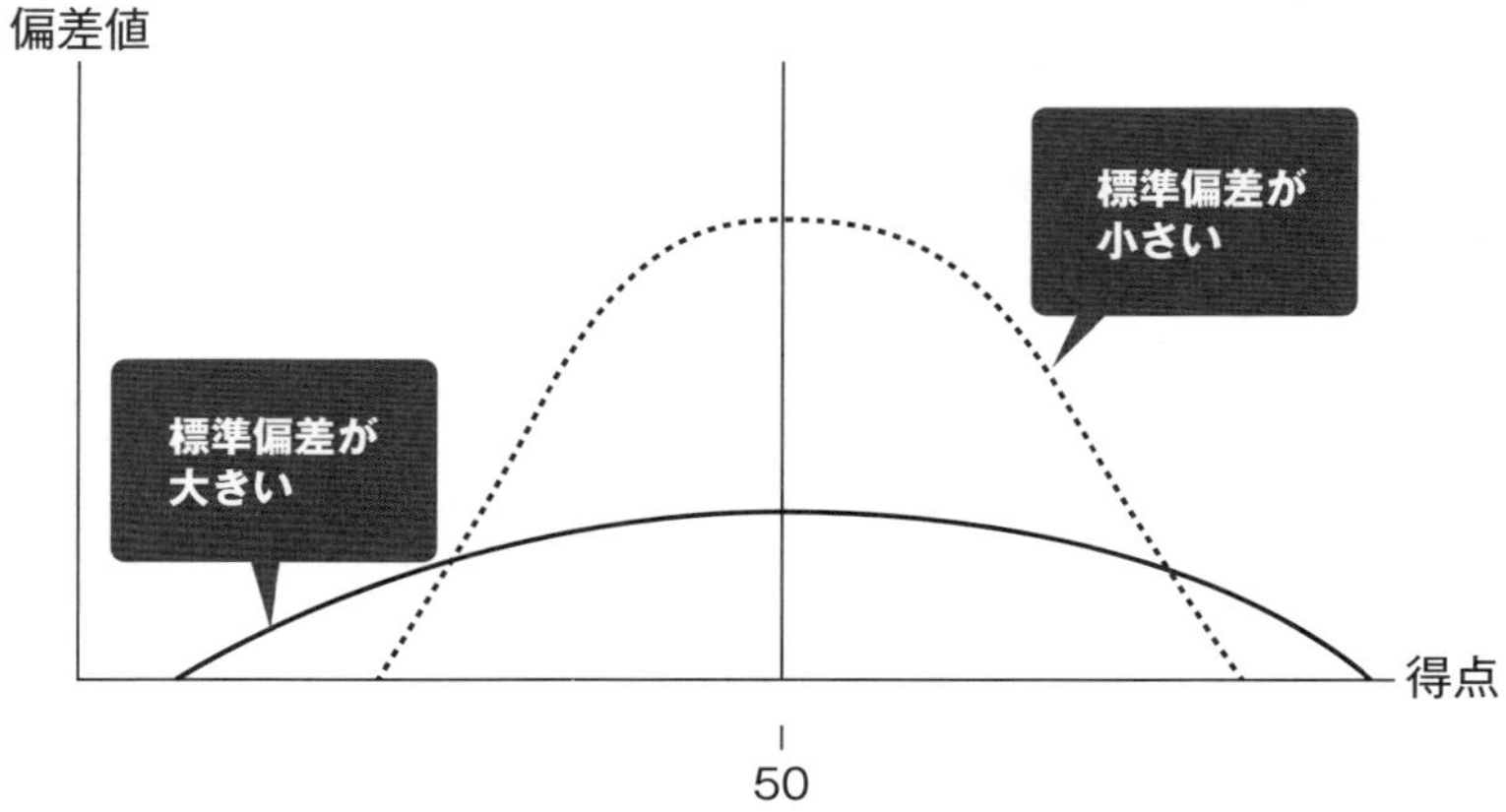

図１　テストの得点分布と偏差値

２回とも60点だったとしても、２回目の方が全体の得点にバラツキが大きいので、順位が下になります。つまり、得点だけでは受験者の順位がわからないのです。

かなりくだけたいい方になりますが、偏差値とはテストを受けた集団のなかでの「位置」を示す数値のことです。平均点を取った人の偏差値を50として、そこからどれだけ上か下かを示すことができるので、ある受験者が集団のどこに位置しているかわかりやすいのです。ですから、入学定員が定められていて、その限られた定員の中に入れるかどうかを予想する「位置決め」の手段としてはとても役に立つのです。

と、ここまでは偏差値のお役立ちポイントです。しかし、模擬試験の結果をもとに大学の「ランキング表」がつくられると便利アイテムとしての偏差値の位置付けが変わってきました。大学につけられた偏差値のランキングが、「絶対視」されるようになったのです。

複数社の模擬試験を受けたことがある方なら、それぞれの模試の受験者の大きさや受験者のレベルの違いによって、各社の作成するランキングが異なっていることをご存じでしょう。偏差値は便利だといっても受験者の集団に依拠する相対的なものでしかありません。しかし一度、偏差値が大学の入学難易度を表すランキングとして「表現」されるやいなや、あたかも大学の「価値」を表しているかのような錯覚にとらわれてしまうのです。偏差値という統計的な概念自体には何の罪もありませんが、それが人々の心を支配するようになると、そこから脱することはなかなか困難となってしまうのです。

「偏差値信仰」にとらわれている人々をバカにするのは簡単です。でも、偏差値に代わる指標をつくって可視化しない限り、偏差値を相対化することはできないでしょう。たとえ、そうした指標が再び絶対化される危険性があったとしても、蛮勇をふるってそうした指標をつくることが、今必要なのです。

ここまで比喩やたとえ話で説明してきましたが、現在進められている高大接続教育・入試改革が目指しているのは、まさしく新たな指標をつくろうとするもの。教科学力だけの一面的な評価を超えた「多面的評価」に移行させようというものです。具体的に、どのような取組みが進んでいるのか、見ていきましょう。

2020年の入試改革とは？

◆入試改革の２つの方向性

現在進められている改革のポイントを要約すると、「高校と大学が連携して、社会で活躍できる若者を育てる」ということと、「多目的評価を取り入れる」ということです。

社会で活躍できる若者を育てるという１つめのポイントについてお話ししましょう。

今回の改革は、「高校」と「大学」の接続に焦点が当てられていますが、もともとは「社会」と「大学」の接続の必要性からはじまったものでした。

先ほどのA君とBさんの例からもわかるように、教育と実社会との間には大きな断絶があります。この断絶を埋めようとする取組みが、大学で進められてきました。第２章でお話しする「社会人基礎力」などがその例です。

しかし、高校までに染みついた偏差値教育の価値観を変えるのは大学だけでは難しい。高校側の理解や協力が欠かせないのです。ですから、今の改革のおおもとには「若者が変化の激しい社会の中でタフに生きていけるように、大学と高校が連携して教育を変えよう」という考えがあるのです。

実際、社会の変化に教育が対応していないという指摘は2000年前後から盛んにいわれていました。それから20年あまり経ってようやく変えようという機運が高まってきたのは、入試を目に見える形で変えるという宣言が出されたからです。

そして、入試の話に入る前にぜひとも確認しておきたいのは、なによりもまず高校と大学の「教育改革」が先であり「入試改革」はその結果でしかないということです。この順序を取り違えてはいけません。付け焼き刃の入試対策ではとうてい太刀打ちのできない教育へと質の転換が求められているのです。

では、実際に、大学入試はどのように変わろうとしているのでしょうか。

今回の大学入試改革の2つめのポイントとして、大学入学者を「多面的」に評価し、選抜するという変化が挙げられます。文科省も、「多様な背景を持つ受検者一人一人の能力や経験を多面的・総合的に評価するものに改革する」と述べています。

では、ここでいう「多面的」とはどのような意味でしょうか。

これについて文科省は、「今後、各大学の入学者選抜方法を、『学力の3要素』を多面的・総合的に評価するものへと転換することが必要」と述べています。

突然出てきた、「学力の3要素って何のこと?」と思われる方も多いと思います。

学力の3要素は、2007年に改正された「学校教育法」のなかで示された概念です。これは、それまでさんざん論議されてきた、「詰め込み」か「ゆとり」かという不毛な教育論争に終止符を打つために出されたもの。知識も必要ですし思考力や社会性も必要です。だから、それらをバランスよく育てようという「ブレない」議論から生まれたものでした。

改正された学校教育法では、学力の３要素を次のように簡潔にまとめています。

> ①　基礎的な知識・技能
> ②　思考力・判断力・表現力等の能力
> ③　主体的に学習に取組む態度

学校教育法の考え方をベースとして、２０１４年に出されたいわゆる『高大接続改革答申』では、学力の３要素が社会で自立して活動していくために必要な力という観点からとらえ直されました。具体的には次のように提起されています。

> ①　これからの時代に社会で生きていくために必要な、「主体性を持って多様な人々と協働して学ぶ態度（主体性・多様性・協働性）」を養うこと
> ②　その基盤となる「知識・技能を活用して、自ら課題を発見しその解決に向けて探究し、成果等を表現するために必要な思考力・判断力・表現力等の能力」を育むこと
> ③　さらにその基礎となる「知識・技能」を習得させること

今まで「学力」といえば、「知識・技能」と「思考力」などをイメージすることが多かったのですが、社会とつながるという点から学力を考えてみると、いかに従来の入試で、「知識・技能」だけが重視されていたかがわかります。つまり、点数化しやすいものだけで評価してきたのです。そしてこのことが偏差値信仰を生む背景になっていました。

そこで、３要素をいずれかに偏らず評価しよう、そのために多様な選抜方法を実施しようということになり、「思考力・判断力・表現力」をより重視した「大学入学共通テスト」が導入されることになったのです。

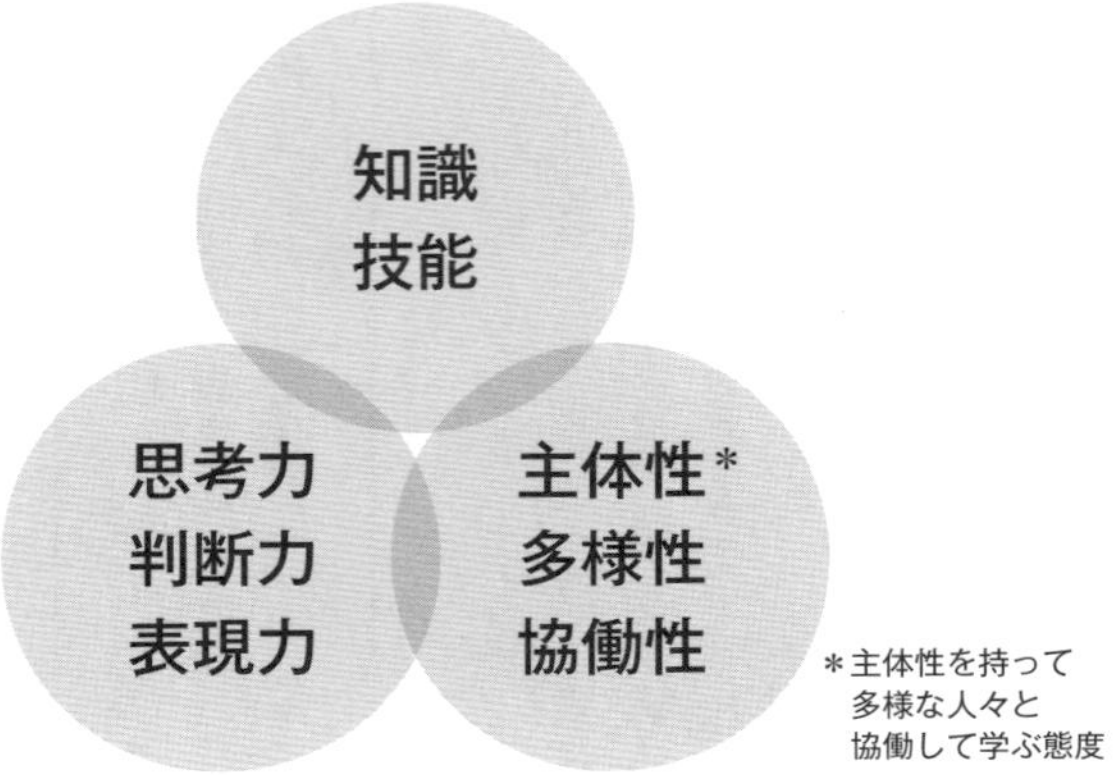

図2　学力の3要素

学力の3要素と入試改革の関係を図式化すると【図3】のようになります。

2020年以降は、「大学入学共通テスト」（以下、「共通テスト」）と「各大学の個別選抜試験」（以下、「個別入試」）という2段階で選抜されます。「共通テスト」は、「知識・技能」と「思考力・判断力・表現力」について標準化されたテストで評価します。それに対して「個別入試」では、それぞれの大学が入学を受け入れる方針（これを、アドミッション・ポリシーと呼びます）を示し、その方針に沿って選抜を行います。ですから、ある大学は「深い思考力」を基準にすることもあれば、別の大学では「他者との協働性」や「主体的に学ぶ態度」などを基準にすることもあります。個別入試で、それぞれの大学の個性が発揮されるのです。

今回の入試改革での具体的変更点を簡潔にまとめておきましょう。

・共通テストの導入

現行の「大学入試センター試験」（以下「センター

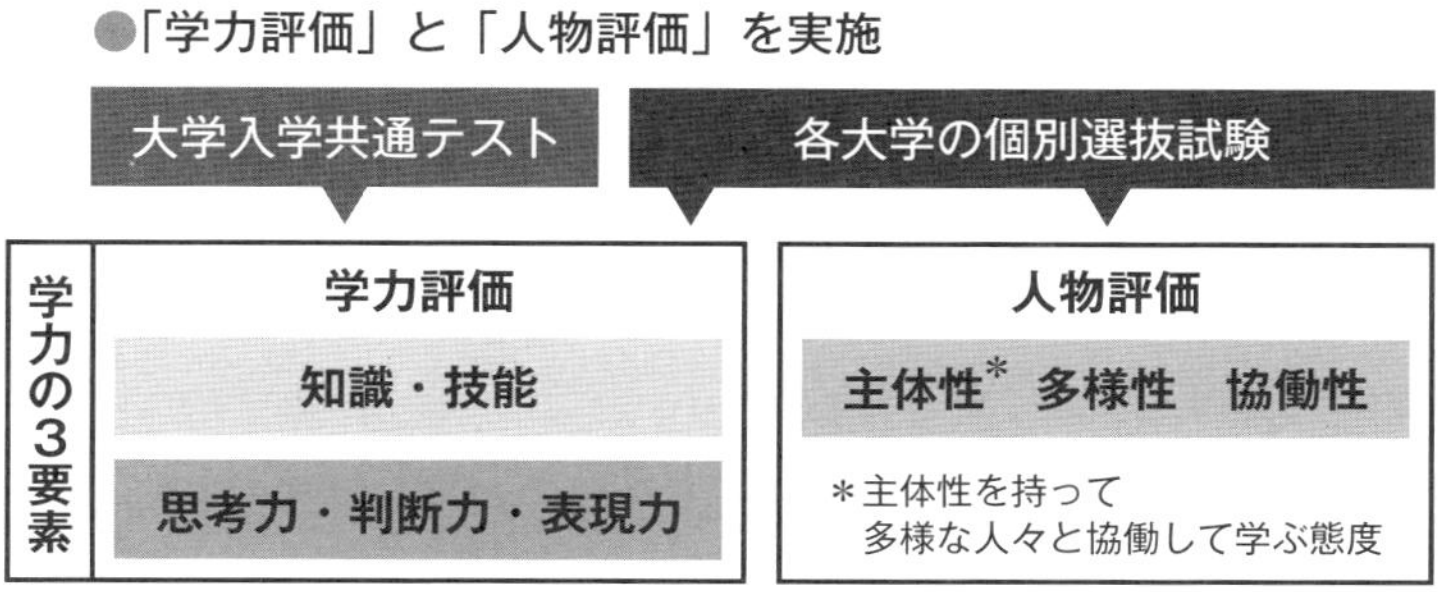

図３　「学力の３要素」を多面的、総合的に評価する大学入試

試験」）は、２０１９年度（２０２０年１月）で廃止され、２０２０年度から「共通テスト」が実施されます。２０１８年4月の高校1年生から「共通テスト」を受験することになります。ただし、現行の学習指導要領のもとで実施される２０２０〜２０２３年度と、次期学習指導要領改訂後の２０２４年度以降とでは、出題・解答方法などの制度設計が分けて検討されています。

共通テストでは、「知識・技能」だけでなく大学入学段階で求められる「思考力・判断力・表現力」が重視されるので、現在のセンター試験になかった記述式問題が導入され、英語では4技能（読む・聞く・話す・書く）を評価することになっています。それらの概要は、次ページの【図４】のようにまとめられます。

共通テストは、従来のセンター試験を全否定するものではなく、知識や技能の評価についてはマークシート式問題を継承しています。ただし、単なる知識の確認ではなく、知識を活用した思考力や判断力を測れるようにマークシート式問題の中で工夫されています。

名　称	大学入試センター試験	大学入学共通テスト
実施年度	～ 2019 年度	2020 年度～
日　程	1 月中旬 2 日間	1 月中旬 2 日間
出題教科・科目	6 教科 30 科目	センター試験と同じ ※ 2024 年度～は簡素化を検討
出題形式	マークシート式	数・国で記述式を導入 ※ 2024 年度～は地公・理も導入検討 【国語】・80 ～ 120 字程度を含む 3 問程度 ・出題範囲は古漢除く「国語総合」 ・マークシート問題とは別の大問 ・試験時間 100 分に延長 【数学】・「数Ⅰ」「数Ⅰ・A」で出題 ・数Ⅰの範囲を 3 問程度 ・マークシート問題と混在の出題 ・試験時間 70 分に延長
英　語	2 技能（Reading・Listening）を評価	4 技能を評価、民間の資格・検定試験を活用 民間試験の受験は高 3 の 4 ～ 12 月の 2 回まで 2023 年度までは民間試験と共通テストの英語を併用（大学が利用方法を指定）
成績結果・提供方法	・各科目 1 点刻みで採点し合計点を提供 ・国語は「近代以降の文章」「古文」「漢文」の 3 分野を別々に成績提供	・マーク部分は現行より詳細情報（設問・領域・分野ごとの成績、段階別表示などを検討）を提供予定 ・国語は一括提供を検討 ・英語の民間試験は試験結果と CEFR の段階別評価 ・記述式は、正答の条件への適合性を判定し結果を段階別表示（例：3 ～ 5 段階）することを検討 科目特性等を踏まえ今後明確化する

※ 2017 年 7 月　文科省「大学入学共通テスト実施方針」より

図 4　「大学入学共通テスト」の概要

２０１７年11月に実施された共通テストの試行調査（プレテスト）の問題では、マークシート問題にこれまでとは違った傾向が見られました。複数の情報（文章・図・資料）を組み合わせて、思考・判断させる問題や高校での学習場面を想定した設定の問題が出題されています。出題形式も、当てはまる選択肢をすべて選ぶ問題、解なしの選択肢を解答させる問題などがありました。ただ、受験した高校生がこうした問題に慣れていないせいもあって、中には正答率が１割台にとどまったものも見られました。

・国語と数学で記述問題

共通テストの「目玉」は、何といっても記述式問題の導入です。マークシート式問題では知識の有無を確認することはできますが、本格的に思考力・判断力・表現力を評価しようとすれば記述問題を導入するしかありません。

最初は国語と数学でのみ実施され、２０２４年度以降から地理歴史・公民や理科分野へ広げていくことが検討されています。

国語の記述問題（古文・漢文を除く）は、80～120字で答える問題を含む3問程度出題されます。それにともない試験時間は現行の80分から100分程度に延長されます。

数学の記述問題は、「数学Ⅰ」の範囲から3問程度出題されます。試験時間は、現行の60分から70分程度に延長されます。

これらの記述式問題の結果は、1点刻みの評価ではなく、3～5段階程度の段階別で評価される予定です。2017年11月に実施された試行調査（プレテスト）の国語の問題では、「文字数の制限を満たしているか」「取り上げるべき内容が含まれているか」の2点にもとづいて段階別に評価されていました。

ただし、「こんな簡単な評価で大丈夫か」という懸念はゼロではありません。実際に、「もっと深い内容を問うべきだ」などの意見が教育現場からはあがっています。私もその意見に大賛成です。しかし、先述した通り、試行調査（プレテスト）の国語の記述問題の解答文字数が多い（80～120字）問題の中には、正答率が1割にも満たないものがありました。こうした現状を踏まえると、大学入学を希望する受験生に「共通」に課す問題としては妥当なのかもしれません。むしろ、もっと深い内容、多様な解答が考えられる記述問題は、「個別入試」が担うことになると考えられます。

・英語の外部試験利用

さて、もうひとつの「目玉」は英語の外部試験利用です。これは、民間の資格・検定試験を活用して、4技能（読む・聞く・話す・書く）を評価しようというものです。

グローバル化が急速に進み、英語によるコミュニケーションが求められているという観点から、大学入学者選抜でも4技能を評価することになりました。現行のセンター試験は、「読む」「聞く」の2技能は測れても「話す」「書く」の評価はできません。

けれども、センター試験のように同じ日に一斉に「話す」「書く」能力を測る試験を実施することは技術的に難しい。そこで、すでに4技能評価を行っている民間の資格・検定試験を活用することになりました。

大学入試センターは、「大学入試英語成績提供シス

ケンブリッジ英語検定 A2 Key, A2 Key for Schools, B1 Preliminary, B1 Preliminary for Schools, B2 First, B2 First for Schools, C1 Advanced, C2 Proficiency
TOEFL iBT
IELTS（IDP：IELTS Australia 実施）
TOEIC® L&R および S&W
GTEC Advanced, Basic, Core, CBT
TEAP
TEAP CBT
実用英語技能検定　３級，準２級，２級，準１級，１級
IELTS（ブリティッシュ・カウンシル実施）

※ケンブリッジ英語検定、GTEC、実用英語技能検定は複数の試険（級）で実施
出典：大学入試センター資料より

図５　英語の成績提供システムの参加要件を満たした資格・検定試験

テム」を立ち上げ、入試で資格・検定試験を活用する支援をはじめました。２０１７年11月にシステムに参加する試験の要件を公表し、２０１８年３月末に参加要件確認結果が公表され、７団体24の資格・検定試験が決まりました【図５】。

高校３年生以降の４月～12月の間に要件を満たした試験を受験し、２回までの試験結果を活用できます。活用する資格・検定試験出願時に、大学入試センターへの成績を送付することを実施団体に依頼し、その成績とＣＥＦＲ（セファール）に対応した段階別評価が大学入試センターから大学に送付される仕組みとなっています。

ＣＥＦＲとは、ヨーロッパ言語共通参照枠（Common European Framework of Reference for Languages）のことで、ヨーロッパ全体で外国語の学習者の習得状況を示す際に用いられるガイドラインです。英語の成績提供システム参加試験とＣＥＦＲとの関係は【図６】のようになっています。

CFER	ケンブリッジ英語検定 A2 Key (KET)、B1 Preliminary (PET)、B2 First (FCE)、C1 Advanced (CAE)、C2 Proficiency (CPE)	実用英語技能検定 3級、準2級、2級、準1級、1級	GTEC Core、Basic、Advanced、CBT	IELTS	TEAP	TEAP CBT	TOEFL iBT	TOEIC® L&R+ S&W
C2	230–200 (210) CAE CPE	合格 2630		9.0–8.5				
C1	199–180 (190) FCE CAE	3299–2600 1級 合格 2304	1400–1350 CBT	8.0–7.0	400–375	800	120–95	1990–1845
B2	179–160 (170) PET FCE	2599–2300 準1級 合格 1980 (2304)	1349–1190 (1280)	6.5–5.5	374–309	795–600	94–72	1840–1560
B1	159–140 (150) KET PET	2299–1950 2級 合格 1728 (1980)	1189–960 (1080)	5.0–4.5	308–225	595–420	71–42	1555–1150
A2	139–120 KET	1949–1700 準2級 合格 1456 (1728)	959–690 (840) Basic Advanced		224–135	415–235		1145–625
A1	119–100	1699–1400 3級	689–270 Core					620–320

※ 2018 年４月　文科省資料をもとに河合塾が作成したものを筆者が一部変更。
※表中の数値は、各資格・検定試験のスコア。
※ケンブリッジ英語検定、実用英語技能検定、GTEC は複数の試験（級）を実施している。
表では各試験（級）で判定可能な CEFR レベルと対象範囲（スコア）との関係を帯で示している。
帯の上下の括弧内は上限・下限の数値を示す。当該範囲を下回った場合には、CEFR の判定は行われない。
また、ケンブリッジ英語検定、実用英語技能検定は、各試験（級）の合格となる範囲を濃い帯としている。
※ TOEIC のスコアは、S&W のスコアを 2.5 倍にしたものと L&R のスコアを合算したもの。

図６　共通テスト　英語の成績提供システム参加試験と CEFR との対照表

なお、２０２３年度までは大学入試センターが実施する共通テストでも英語を実施します。資格・検定試験と共通テストの英語のいずれか、または双方を活用するのかは大学の判断に委ねられます。

いずれにせよ、こうした改革は、日本の英語教育に大きなメッセージを送っています。今まで英語の授業といえば英文法と英文解釈、英作文が主流でした。リスニング学習になると、「先生は機器のボタンを押すだけの人」と化していた学校も少なくない。教員の技能向上なしに、生徒の４技能は向上しないでしょう。

・個別入試における多面的評価

さて、ここまでは「共通テスト」の話でしたが、【図３】でお示ししたように、入試改革は「個別入試」にも及んでいます。むしろ、個別入試こそ改革の「本丸」だといえます。

一連の教育・入試改革の１つとして各大学で義務化されたのが、「３つのポリシー」の策定と公表です。３つのポリシーとは、アドミッション・ポリシー（入学者受け入れ方針）、カリキュラム・ポリシー（教育課程編成・実施の方式）、ディプロマ・ポリシー（卒業認定・学位授与の方針）のことです。どのような学生を受け入れ、どのように学ばせ、どのような力をつけさせて卒業させるのか、入口から出口までの方針を一体的に策定することで、各大学の教育の方向性を「見える化」しようとしています。

実は以前から、各大学は「求める学生像」としてアドミッション・ポリシーを学生募集要項などで示してきました。しかし、どこの大学もほとんど同じ内容となっており、書いてあるだけの「お題目」のようになっていたのです。

ところが、今回策定することが義務化されたアドミッション・ポリシーは、これまでとは意味合いが少し異なります。その1つは、他の2つのポリシーと連動した内容となっていること。そしてもう1つは、学力の3要素について具体的に求める学力とそれを測る評価方法・比重などを提示することが求められていることです。アリバイ的なアドミッション・ポリシーは、許さないというわけです。

ほとんどの大学は、3つのポリシーを有機的に連動させ、実効性ある改革を進めている途上です。しかし中には、いち早くアドミッション・ポリシーの記載方法を変えた大学もあらわれました。たとえば、「個別試験で課す『総合問題』では『知識』『思考力』を評価、『集団面接』では『主体性・協働性』を評価する」というように、評価する学力と選抜方法を明示する大学も出てきているのです。本書後半でご紹介する大学事例の北陸大学や日本文理大学がそのよい例でしょう。

いずれにしても、今後はこうした動きが広がるとともに、その内容も「どのような水準を求めるのか」「どのような比重を置いて評価するか」といった点など、より具体的に明示されるようになっていくと考えられます。

実際、国立大学でも推薦・ＡＯ入試を拡大する動きがみられます。これまで一般入試のみの実施であった東京大学と京都大学は、２０１６年度からそれぞれ推薦入試、特色入試（推薦・ＡＯ等）を導入しました。両大学とも、それぞれの入試の募集人員は入学定員のごく一部となっていますが、東京大学では「多様性」、京都大学では「最適なマッチング」を意識した入試で、一歩踏み出した点は大いに評価できると思います。

◆課題は山積！　でも「自分事」として変えていこう！

ここまで、入試改革の概略を見てきました。しかし、高校の先生方や保護者のみなさんから「だから具体的にどうなるの？」という憤りに近い声が聞こえてきそうです。私は文科省や大学の考えを代弁する立場ではありません。けれども、目の前にいる生徒や学生、あるいはお子さまに向かって、『お上』が決めないからオレは知らないよ」などといい放つほど無責任でもないつもりです。

今日本が直面している教育の課題は政治に任せておけば解決できるようなものではありません。それぞれの教育現場でそれぞれが直面している課題を「自分事」として取組むこと、これ以外に課題解決の方策はないのです。本書で紹介する３大学はまさにそのことを実践しています。

これからの大学に求められること

◆大学は、社会に出るための「経験の場」

一般に、大学に期待されるのは、「研究」と「教育」と「社会貢献」だといわれています。しかし、それは大学の組織からみた機能でしかありません。学生の側からすれば、大学は「学びと成長」の場であり、高校生から大学生になり卒業して社会で活躍するまでの人生の貴重な時期を過ごす場でもあります。

もちろん、学生には専門的な学習をして、「学士」としての知識や技能を身につけることが求められます。けれども、大半の学生は、研究者を目指して大学院に進むのではなく、卒業して社会に出ていきます。つまり、大学は「社会で活躍するための準備をする場」でもあるのです。

こうしたことは「建て前」として理解されているものの、教員は研究が中心で教育は二の次。まして、社会に出るために必要な力をつけることは就職課が担当するものと考えている大学人は少なくありません。

私は、研究の意義を否定しているわけではありませんし、就職課の意義も理解していますが、学生が大学にいる大半の時間を過ごす「授業」が空洞化していれば有意義な学生生活を送ったとはいえなくなってしまいます。アルバイトに精を出して授業に出なくなる学生がいるのは学生のせいだけではないと思います。

では、どうしたらいいのでしょうか？

答えは、大学教育を学生の「学びと成長の場」として組織し直すことです。簡潔にいえば、授業を受けながら深く学ぶと同時に、正課の授業や課外活動を通してさまざまな経験をし、失敗や成功から自分を成長させるきっかけをつかめるように支援することです。そして、学生自身も、自分の将来について見通しを持ちながら活動し、自分の学びや活動をふり返りつつ成長を実感することこそ重要なのです。

◆これからの大学に求められる6つのこと

そこで、これからの大学に求められることを、研究や社会貢献ではなく、学生の学びと成長という観点から、簡潔にまとめてみたいと思います。

(1) 大学のミッションや育成目標を明確にする（育成目標）

不謹慎だとお叱りを受けるかもしれませんが、大学の「教育」を「旅行」にたとえてみたいと思います。

みなさんは、夏休みの旅行計画を立てていると思ってください。旅行会社のパンフレットを見比べてどんな旅行にしようかと考えています。ここでの旅行会社は、大学のことです。パンフレットには、目的地（育成目標）や経由地をめぐるスケジュール（学年進行のカリキュラム）や、見どころや観光案内（授業で身につく力や授業概要）、宿泊施設や食事のメニュー（施設や設備）の紹介、そして費用（学費）などが載っており、それらの情報を見くらべてどの旅行会社（大学）にしようか考えるはずです。

ですから、大学はこれらの情報を公開し、受験生や保護者が大学を選択する際の参考にしてもらう必要があります。

もっとも、旅行会社を使わず個人旅行する人がいるように、一人の人間の成長に大学が不可欠なわけではありません。大学など出なくても立派に社会で活躍している人はたくさんいますし、大学に籍だけ置いて大学の外で経験を積み、成功を収めている人もいます。

こうしたことから、大学教員の中には「学生が自由に生きていけばいい」「大学が余計な支援はしない方がいい」とおっしゃる方がいます。では、そうした方にお尋ねします。あなたはなんのサービスも提供しない旅行会社にお金を払うのですか、と。

このような発言をされる方は概ね研究志向の先生か、研究をいい訳にして授業をサボりたい先生です。大学が学生の学びと成長の場であるということが見えていないのです。

大学の教育目標やディプロマ・ポリシーを明確にすることは、これから大学を選ぼうとしている人々への「約束」を示すことに他なりません。もちろん、入学後に学生本人が大学のミッションとは異なる方向に進むこともあるでしょう。でも、それはそれでいいのです。ディプロマ・ポリシーは、個々の学生の人生を拘束するものではなく、大学が機関として学費を払ってくれる人に向けた「説明責任」です。

ところで、一人ひとりの人生は多様ですが、大学としての立ち位置や大まかな育成目標を考えると、日本の大学は次の３類型に整理できそうです。

・グローバルに活躍する人を育てる
グローバル化した現代社会では、日本国内にいても海外で仕事をしても、グローバルな視点をもって活躍する人が求められています。

・日本を元気にする人を育てる
少子高齢化を迎える日本にあっては、高度成長期に培った常識は通用しなくなります。日本の未来を考え、行動する人が必要とされています。

・地域を元気にする人を育てる
地方のみならず、都心部であってもどんどん地域の力が縮小しています。こうした地域に活力を甦らせる人が必要とされています。

グローバル、日本、地域は、それぞれが重なりあいながらも、他とは異なる課題が積み重なっています。それぞれの大学、学部でどのような人を育てるのかというディプロマ・ポリシーが明確になっているか、ここが1つ目のポイントとなります。

(2) 学力の3要素に則してカリキュラムを編成する(学力の3要素)

ディプロマ・ポリシーがあってもそれを実現する方策が示されなければ「絵に描いた餅」になってしまいます。学生がどのような道筋で学び、どのような資質や能力をつけていけばいいのかという、いわば「学びの登山ルート」が示されていれば、学生は迷うことなく山頂(教育目標)に辿りつくことができるでしょう。

そのためには、ディプロマ・ポリシーの内容を学力の3要素に則して編成し、どの授業でどの力がつくのかを示すことになります。具体的には次のようになります。

・知識・技能の習得

専門の知識・技能のみならず、社会人として必要な知識、そして英語をはじめとした語学の習得です。

・思考力・判断力・表現力(リテラシー)の育成

専門の知識を活用して与えられた課題を解決したり、自ら問題を発見してそれを解決したりする力を養います。こうした力は一般にリテラシーと呼ばれています。

・主体性・多様性・協働性(コンピテンシー)の育成

自分から主体的に学んだり、他者や異文化の多様性(ダイバーシティ)を認めあったり、他者と協力したりする力を養います。これらは社会で生きていくために必要な力で、コンピテンシーといわれています。

(3) 学生の学びと経験を深める授業や課外活動を展開する（授業形態）

学生が学力の３要素をバランスよく身につけるためには、講義を一方的に聴いているだけでは難しい。たしかに、知識を体系的に効率よく整理する際にはわかりやすい講義を聴くことは大切です。しかし、思考力・判断力・表現力の養成、つまり自分で考えて判断したり、それを他人にわかりやすく表現したりすることは、講義を「聴く」だけで身につきません。最近、アクティブ・ラーニングという言葉を聞くことが増えましたが、これは思考力・判断力・表現力、そして主体性・多様性・協働性を伸ばすための授業スタイルのこと。

ちなみに、京都大学の溝上慎一先生は、アクティブ・ラーニングを「一方向的な知識伝達型講義を聴くという（受動的）学習を乗り越える意味での、あらゆる能動的な学習のこと。能動的な学習には、書く・話す・発表するなどの活動への関与と、そこで生じる認知プロセスの外化を伴う」と定義されています。アクティブ・ラーニングについては、『アクティブラーニングをどう始めるか』（東信堂　成田秀夫）をご覧ください。

代表的な3つの授業スタイル

・**講義**

専門的な知識・技能を習得できるように、教師が一方的に学生・生徒の集団に向けて講話する形式です。

・**講義＋アクティブ・ラーニング**

習った知識を活用して、授業の中や前後で、出された課題を自分で考え判断し、他人と議論したり、プレゼンテーションやレポートを作成したりするという「活動」が計画的に配置されていることがポイントです。

・**PBL（Project-Based Learning）**

教員主導の授業ではなく、与えられた課題、たとえば「○○町の活性化」という課題について、個々の学生が考え、その原因について仮説を立て、自分たちで調査やインタビューをして、試行錯誤しながら答えを考えるというプロセスを重視する教育手法です。最終的に正しい答えに到達したかよりも、その過程で学びが深まることがポイントです。主体性や協働性の育成や多様性の理解を深めるために有効です。

(4) 学生の学びと成長を可視化して継続的な教育改善をする（評価）

評価というと「成績をつける」ことがイメージされやすいのですが、学んだことがどのくらい身についているか、学習の到達点を確認することを「総括的評価」と呼びます。それに対して、学生が学んでいる過程で、今自分はどこができていて、どこに課題があるかを理解できるようにするために、小テストやふり返りをすることを「形成的評価」といいます。形成的評価は学習者だけのものではなく、教える側も小テストや授業中の学生の発言、討論の内容やレポートの内容を確認しながら、学生の理解度を把握し次の授業はアドバイスにいかしていきます。

言い換えれば、評価とは形成的評価と総括的評価を組み合わせて、教師と学生がともに到達目標を実現させるためのものであるといえます。

評価指標の一例

・GPA（Grade Point Average）

大学の「成績表」にあたるものです。授業で獲得すべき目標に則して成績をつけるのが基本ですが、学力の3要素をどのような割合でどのように評価するか、成績表の設計がしっかりできていることがポイントです。

・**学生調査、外部テスト**

成績評価とは別に、学生がどのような学園生活を行っているかを調べる「学生調査」、英語やその他のスキル、あるいは社会で活躍できる能力を測定する「外部テスト」を利用して、カリキュラムがうまく回っているか、他大学と比較してどこまで到達できているかなど評価するものです。個々の学生の評価ではなく、大学全体の教育を評価し、改善するための資料とすることがポイントです。

・**ルーブリック**

ルーブリックとは、身につけるべき知識・技能や能力、態度などの複数の観点について、観点ごとに3～5段階で表記したものです。学生が自らの学びをふり返り、どこまでできているか、課題は何かを理解するために大いに役立ちます。

これらの評価について簡単に補足すると、ＧＰＡは学生の学びの統括的評価、学生調査や外部テストは大学の機関としての形成的評価、ルーブリックは学生の学びの形成的評価に役立つということになります。

(5) 高校と大学の学びをつなげる（入試）

さて、今まで確認したポイントは大学「教育改革」の側面ですが、「入試改革」についても確認しておきましょう。２０２０年以降、大学に進学したい受験生は「共通テスト」を受けます。今後、共通テストだけで合否判定する大学も出てくるかもしれませんが、各大学が「個別入試」を実施することが基本です。個別入試で、再度、知識・技能を評価してもよいことになっていますが、むしろアドミッション・ポリシーに則した新入試への取組みが求められます。それでは、新たな入試の内容はどのようなものになるのかお伝えします。

・知識・技能を中心とした従来型

高校までに習得してほしい、教科の知識・技能を評価するものです。現行ではマークシート式問題が中心ですが、簡単な記述式もあります。最低限の教科学力の担保は共通テストですることになりますので、個別入試で知識・技能を問うことの意義が問われます。

・思考力・判断力・表現力（リテラシー）を評価する新入試

与えられた課題について、自分で考え判断しレポートなどにまとめるタイプの試験です。先進的な事例として京都工芸繊維大学の「ダビンチ入試」があります。大学の先生の講義を聴き、それをもとに自分で考え、答えを出すものですが、思考力・判断力・表現力の評価であると同時に、大学の授業と同じことをするわけですから、大学で学ぶ力も評価しています。

・主体性・多様性・協働性（コンピテンシー）を評価する新入試
受験生のコンピテンシーを評価するものですが、グループ討議やグループ活動をしてその様子を観察評価するといったものです。アドミッション・ポリシーに則したものになります。

いずれにせよ、今までの「選抜」という観点よりも、高校での学びと大学での学びの「接続」という観点が大切になります。入試自体が、大学の教育の一環になるわけです。

(6) 改革がスムーズに進むように教職員の協働性を高める（組織開発）

最後に、(1)〜(5)までの改革を進めるためには大学の「組織開発」がどこまでできているのかがポイントになります。「はじめに」でもお伝えしたように、改革を個人の力量に任せると必ず失敗します。組織が有機的に連携し、教職員間で「協働性」が発揮されなければなりません。

そして、「トップ」「ミドル」「現場」の効果的な働きが必要です。それぞれの役割を考えてみましょう。

・トップのリーダーシップ
理事長や学長などのトップが大学の現状を理解し、進むべき道を戦略的に示してリーダーシップを発揮する。そして、計画通りに進んでいるかをチェックしたり（ガバナンス）、不測の事態に責任をもって対応したり（リスクマネジメント）、法令に準拠しているかを確認したり（コンプライアンス）しながら、大学という組織が「遭難」しないようにします。トップがしっかりしていないと、組織としてのリスクが高まります。

・ミドルのマネジメント
大学として策定した計画を実行する具体策を考え、現場の意見も汲み上げつつ、教職員を巻き込んで実行していきます。トップはここにこそ人的・経済的資源を投入すべきです。

・現場のやる気度
トップやミドルだけがやる気になっても大学という

組織は回りません。現場のやる気、モチベーションが不可欠です。教育現場のモチベーションは教育の成果です。学生たちがいきいきと育っていく姿を見ることこそが、現場の教職員の教育のやりがいに通じる。そのためには、トップやミドルが教育の成果が出せるように支援することが大切でしょう。

◆地方の小規模私立大学がトップランナーになる

以上のように、現在の大学に求められていることを見てきました。「スモールスタート、スモールウィン」といわれますが、小回りの利く組織で手堅く成果を出すことが成功の秘訣です。

都市部のマンモス私立や大規模な国立の総合大学にはそれぞれメリットがありますが、いざ改革となると組織の大きさゆえになかなか進まないのが現状です。中には、「教授会の自治」を錦の御旗にして何もしないことを正当化する場合もあります。

自治というならば教授が責任をもって大学をおさめることが本筋でしょうが、戦前の思想弾圧を例に引いて「学問の自由」の観点から自治を語る方もいます。私は決して、思想弾圧を容認するわけでも、学問の自律性を軽視しているわけでもありません。だた、そのような発言があまりにも無責任に「他人事」として語られることに違和感を抱きます。自治というならば、「自分事」として関わるコストや痛みを感じるべきでしょう。

その話はさておき、スモールスタート、スモールウィンを実行しやすいのが小規模大学です。大学の規模は、１学年が７５０人未満の「小規模大学」、１学年が７５０～２０００人の「中規模大学」、１学年が２０００人を越える「大規模大学」に分かれます。

中・大規模大学であれば、全学の改革のためにはそれに先導的に取組むプロジェクト・チームやセンターが必要になるでしょう。しかし、小規模大学は教員の数も少ないので意思疎通も図りやすく小回りが利く。そのため、先ほど述べた⑴～⑹までの取組みも遂行しやすくなるのです。

また、大学外との連携、特に地域との連携を考えて

		北陸大学	共愛学園 前橋国際大学	日本文理大学
⑴育成目標	グローバル	△	◎	−
	日本	△	△	△
	地域	◎	◎	◎
⑵学力３要素	知識・技能	○	○	○
	リテラシー	◎	○	◎
	コンピテンシー	◎	◎	◎
⑶授業	講義	○	○	○
	講義＋ＡＬ	◎	◎	○
	ＰＢＬ	○	◎	◎
⑷評価	ＧＰＡ	○	○	○
	調査・テスト	◎	◎	◎
	ルーブリック	◎	◎	◎
⑸入試改革	知識・技能	○	○	○
	リテラシー	◎	−	◎
	コンピテンシー	◎	−	◎
⑹組織開発	トップ	○	◎	◎
	ミドル	◎	◎	◎
	現場	◎	◎	◎

※記号の意味　◎＝優れた取組み　○＝取組まれている
△＝一部取組まれている　－＝取組まれていない

図７　3つの大学事例の取組みの成熟度

大学のあり方を模索する場合、自治体や地域の企業、住民と顔の見える近さにある地方大学が有利です。

ですから、地方の小規模大学こそ、改革のトップランナーになる可能性が大きいのです。その「可能性の条件」は何か、本書後半で紹介する「北陸大学」「共愛学園前橋国際大学」「日本文理大学」の３つの大学の事例をもとに探っていきましょう。

◆３つの大学の事例から見る取組みの成熟度

この章の最後では、本書で紹介する3大学について、先ほどお示しした⑴～⑹の取組みの成熟度について大まかな指標をつくってみました。【図７】を、大学事例を読む際の参考にしてください。

第2章

教育現場と社会をつなぐ

社会の変化に応える大学改革

◆教育と社会をつなぐ「共通言語」が必要

これまで、教育の世界と実社会には断絶があるとお伝えしてきました。その溝を埋めるのが、高大接続教育・入試改革です。

では、溝をどのように埋めていったらよいのでしょうか？

そして、そもそもグローバル化した変化の激しい現代社会で求められる能力とはどのようなものなのでしょうか？

ここでもう一度、A君とBさんに登場してもらいましょう。第1章では、A君もBさんも社会に出て苦労しているということでしたが、2人の悲劇は学校の基準と社会の基準が違うために生じたものでした。

でも、もう一度よく考えてみると、A君はまじめに勉強し働く勤勉な性格、そしてBさんも社交的で明るい性格と、それぞれのよいところがあるのです。

これを、どのようにとらえたらいいのでしょうか？

教育社会学の本田由紀先生は、このことを『多元化する「能力」と日本社会 ― ハイパー・メリトクラシー化のなかで』（NTT出版）で、メリトクラシー社会からハイパー・メリトクラシー社会への移行として説明しています【図8】。

メリトクラシーとは、生まれや身分によって地位や職業が決まっていた前近代社会から個人の努力や業績（メリット）によって地位や職業が決定される近代社会への転換を説明する用語です。日本でいえば、江戸時代までの士農工商の封建的な社会から明治維新を経て個人の頑張りで立身出世する社会へと変わったということですね。メリトクラシーの社会で求められている能力とは、知識量や正確さ、処理速度など標準的で客観性の高い能力です。いわば共通一次試験やセンター試験で測定される能力のことで、A君はまさにこの力に長けていたといえます。

それに対して、ハイパー・メリトクラシーとは、コ

メリトクラシー社会で必要とされる能力	ハイパー・メリトクラシー社会で必要とされる能力
基礎学力	生きる力
標準性	多様性
知識量・知的操作の速度	意欲・創造性
共通尺度で比較可能性	個別性・個性
順応性	能動性
協調性・同質性	ネットワーク形成力・交渉力

図８　メリトクラシー社会からハイパー・メリトクラシー社会へ
出典：『多元化する「能力」と日本社会 ―ハイパー・メリトクラシー化のなかで』本田由紀（NTT出版）をもとに編集部で作成

ミュニケーション能力や問題解決力などの能力や多様性や意欲、創造性、個性といったより本質的な資質が求められる現代社会（近代社会の後という意味で「ポスト近代社会」ともいいます）を説明する用語です。あえて日本語に訳すと「超業績主義」で問われる力ということになりますが、教育の世界では「生きる力」といわれることが多く、これはBさんが長けていた能力のことです。ちなみに、「生きる力」は、評判の悪かった「ゆとり教育」とセットで提起されたために、その本質は世の中にうまく伝わらなかったようです。

ところで、A君もBさんもそれぞれ長所と短所があったわけですが、それは至極当然のことで、なんでもできるスーパーマンのような人間はほとんどいません。それぞれの人に長所と短所があるわけですから、お互いの長所をいかして協力すればいいのです。たとえば、A君とBさんとが同じ会社の同じチームメンバーであれば、Bさんが中心になってメンバー間のコミュニケーションを円滑にすすめ、A君が中心になって豊富な知識をいかして課題解決を推進することができます。みんながスーパーマンを目指すのではなく、

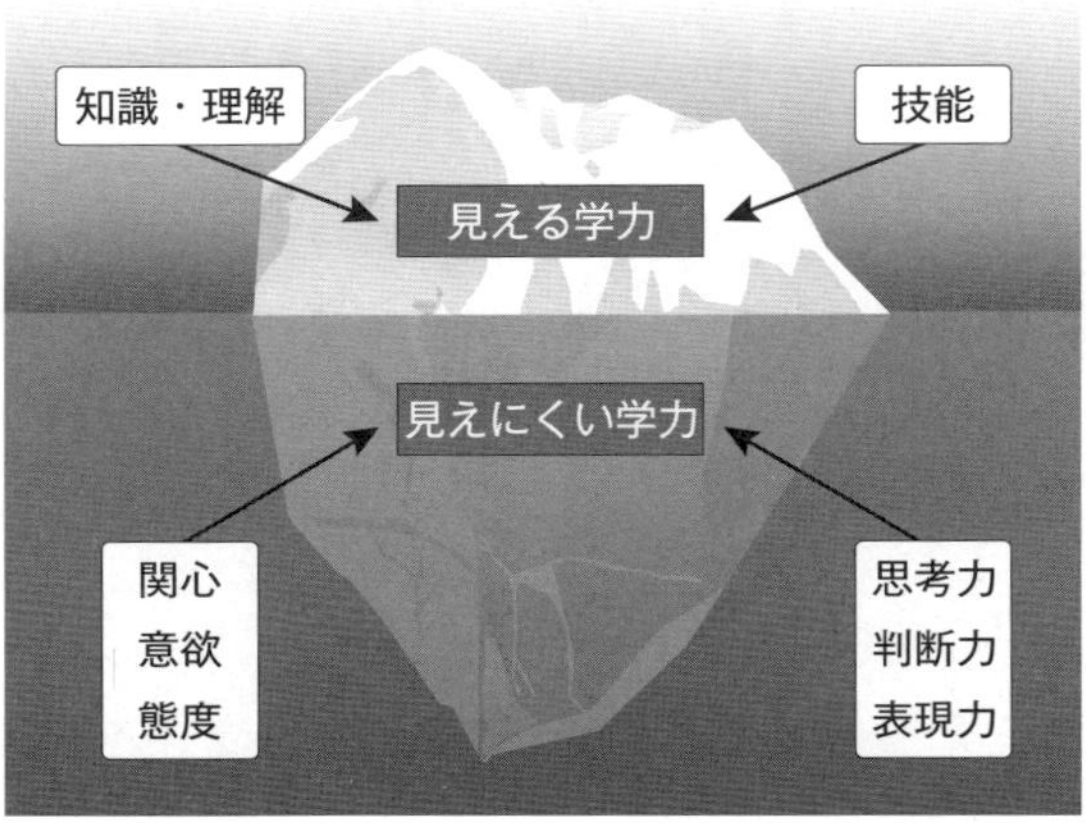

図９　学力の氷山モデル

出典：『教育における評価理論Ⅰ 学力観・教育観の転換』梶田叡一（金子書房）をもとに編集部で作成

それぞれのよさを自覚して他のメンバーと協力する方がはるかに健全な社会になるはずです。そのためにはそれぞれの長所をお互いに理解し合うことが前提になりますが、今までのような教科学力だけでその長所をとらえることはできるのでしょうか？　答えは「ノー」です。

ではなぜ、学校では教科学力を中心とした評価になっていたのでしょうか？

このことについては、教育学者の梶田叡一先生が『教育における評価の理論Ⅰ　学力観・教育観の転換』（金子書房）の中で、【図９】のような「学力の氷山モデル」で説明しています。

高校の教科学習や大学の専門教育で身につける「知識」や「技能」は、ペーパーテストで得点化しやすい「見える学力」です。ですから、共通一次試験やセンター試験のように、教科の知識や技能をマークシート式の客観問題で点数化して評価しやすいのです。

それに対して、関心や意欲・態度、あるいは思考力・判断力・表現力などはマークシート式の客観テストでは評価しにくい「見えにくい学力」といわれています。でも、しばらく一緒にいたり活動したりすると、どのような意欲や関心・態度、思考や判断の傾向があるかを把握することができますので、決して評価できないわけではありません。ただ、評価には時間や手間といったコストがかかるということなのです。

　ここで視点を変えて、大学入試と企業の採用を比較してみましょう。

　企業では、採用に多大なコストをかけています。費用もさることながら、担当する人も専門のスタッフを揃えています。なぜなら、いったん企業に採用したらよほどのことがない限り解雇できないので、確実によい人を採用したいからです。今進めようとしている面接を重視した「丁寧な入試」と呼ばれる取組みは、こうした企業の採用方法とつながる点があります。

　ところが、大学入試はどうでしょうか。人物評価を記した高校の調査票はほとんど顧みられず、「学力試験一発！」という場合が大半です。いろいろな理由があるとは思いますが、極論すれば、学生は4年経てば卒業してしまうからです。それに、そこまでコストをかけなくてもいいのでは、というのが本音のように思えます。

　でも、再三述べているように、もはやここを越えなければ、教育と社会とをスムーズにつなげることができなくなっているのです。

　では、どうしたらいいのでしょうか？

　教育の世界と実社会の間に溝があるのなら、それを埋めるしかありません。かなりヘンテコなたとえですが、大学までが日本語、社会では英語を話しているとしましょう。当然、両者には言葉の溝があります。溝を埋めるには、どちらかの言葉に統一するか、翻訳するか、バイリンガルになるか、エスペラント語のように第3の言葉を人工的につくるということが考えられますが、翻訳するというのがいちばん現実的ではないでしょうか。具体的には、学校での評価基準と社会や企業での評価基準とを翻訳できる「共通言語」を持つことです。こうした考え方から生まれてきたのが、「社会人基礎力」だったのです。

◆「社会人基礎力」の登場

2006年に経済産業省が「社会人基礎力」を策定したとき、河合塾はプロジェクトチームの事務局として参画していました。私もその末席にいましたが、そこでの議論を拝聴し、今までの企業に対する見方が大きく変わったのを覚えています。

私事で恐縮ですが、大学院を出てそのまま予備校で働きはじめましたので、いわゆる社会経験に乏しいところがありました。このプロジェクトに参加するまでは、企業は利益追求を第一とし、利益を最大化するために「人材」を採用し育成するのだと思っていました。しかし、これは企業活動の一面でしかなかったのです。企業の人材担当の方々が大学に出向いて社会人基礎力育成プログラムに参画する姿勢を拝見し、「企業の人材育成は人を育てる教育だ！」という衝撃を受けました。学生の質問にていねいに答えるだけでなく、企業人のリアルな感覚から学生に厳しくダメ出しをする、まさに学生を伸ばすためにはどうしたらいいのかということを考えていました。私はこのとき、「教育と社会はつながる！」という確信を得ました。

これからご紹介する社会人基礎力は、現代社会を生きていく人間ならばだれでも身につけてほしいものです。社会人基礎力が身についていれば、学校生活はより豊かなものになるでしょう。

では、社会人基礎力とはどのようなものなのでしょうか。【図10】をご覧ください。

社会人基礎力は、「考え抜く力（シンキング）」「前に踏み出す力（アクション）」「チームで働く力（チームワーク）」の3つの能力とそれぞれの下位能力である12の能力要素で構成されています。12の能力要素を確認するだけで、自分にはどの力があり、反対にどの力が劣っているか、自分で自分の特徴をつかむこともできます。

たとえば、A君は「課題発見力」は高いのですが、いわれたことをやるだけで「計画力」や「主体性」に欠けているので、自分で計画を立てて勉強するようにしようということが見えてきます。あるいは、Bさん

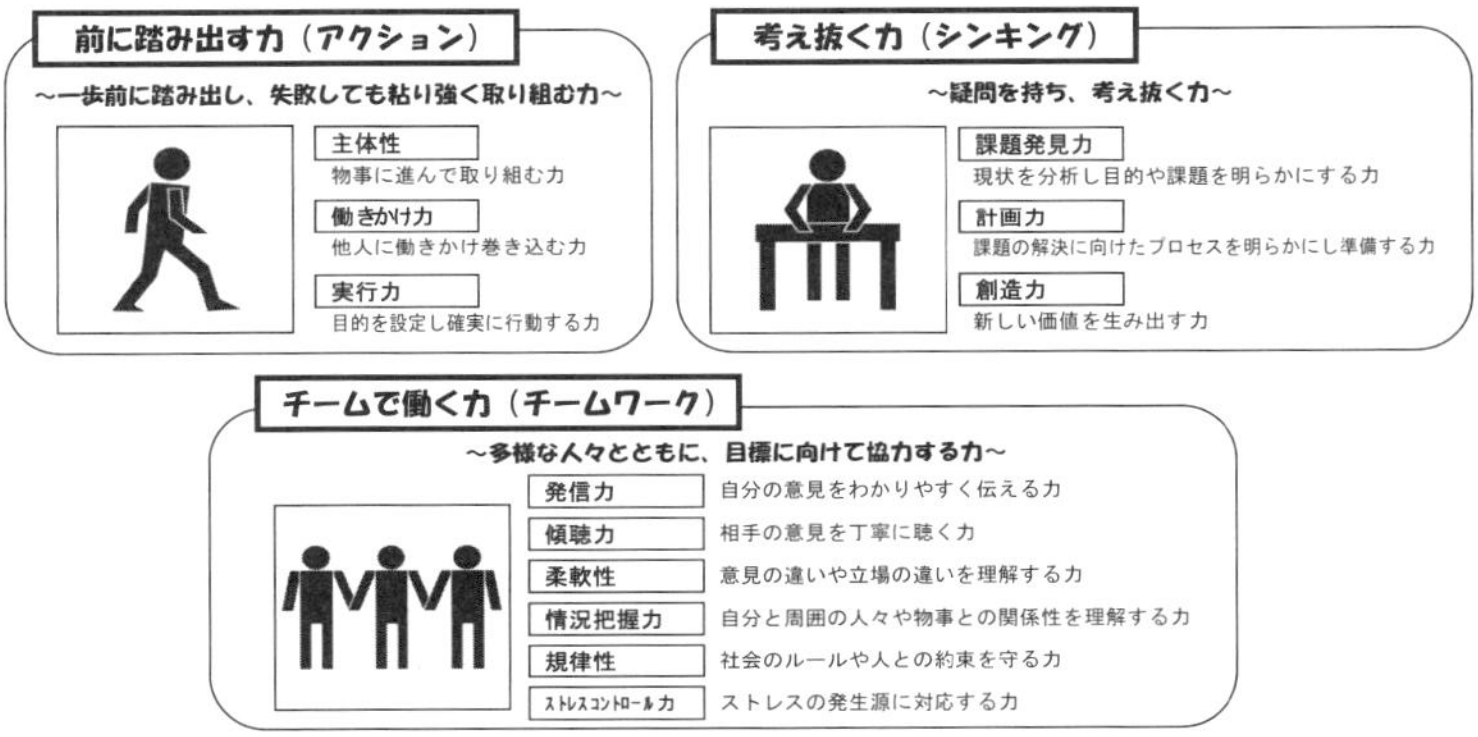

図10　社会人基礎力　3つの能力と12の能力要素

は「傾聴力」や「柔軟性」は高いのですが、「課題発見力」や「実行力」に課題があるので、活動の中でうまくいかないことがあったらその原因を考えたり、最後までやりきったりしよう、という具合に自分の現状を把握して次の行動を起こすことができるようになります。どういうことができたらいいのか、それを言葉で表現してあるからこそ、自分をふり返り次につなげることができるようになるのです。

ただ、社会人基礎力は抽象的な内容の提唱にとどまっています。いつでもどこでもだれにでも通じるものですから、それを具体的な生活の場で使えるようにする必要があります。これを「ローカライズ」といいますが、それぞれの高校、大学や企業の「現場」に合わせて「自分事化」するのです。

たとえば、ある大学では「働きかけ力」を「協働力」といい換えて4つのレベルで示しています。この例では、「働きかけ力」を「協働力」といい換えていますが、それはこの大学が「協働力を高める」ことを教育目標として掲げているからです。大学の目標に合わせてローカライズしているのです。どんな力をどのレベ

	レベル1	レベル2	レベル3	レベル4
協働力	他の人と一緒に物事に取組むのが苦手である。	周囲に気を配り、困っている人には手を貸そうとする。	チームで課題に取組む場合には、自ら情報発信するなど、チームへの貢献を考えて行動することができる。	雰囲気づくりなどを通じてチームに貢献することができる。

図11　働きかけ力（協働力）の例

ルまで育成するのか、それぞれがそれぞれの現場に合わせて独自に決めればいいのです。

そして、もっと大切なのは、個々人が自分の力を自分の納得のいく表現で理解することです。たとえば、【図11】の「協働力」のレベル2は「周囲に気を配り、困っている人には手を貸そうとする」となっていますが、この言葉を丸暗記してもなんの意味もありません。協働力についての「知識」が必要なのではなく、協働力の記述をもとにして自分の生活や行動をふり返り、「A君が話しづらそうにモジモジしていたとき、『A君、何かいいたいことがあるんでしょう。いってみれば？　みんなちゃんと聴くよ』と声をかけることができた」という具体的な場面を思い描けることが大切なのです。まさに、社会人基礎力を、「自分事」として「パーソナライズ」しているのです。

このように見てくると、社会人基礎力は、①いつでもどこでもだれにでも通じるレベル、②ある高校や大学で通用するレベル、そして、③個々人の納得が得られるレベルという、3段階でとらえられることになります。今回の入試改革では、③の個人のレベルまで落

領　域	キー・コンピテンシーの内実
1. 相互作用的に道具を用いる （対課題領域）	必要な理由 技術を最新のものにし続ける。自分の目的に道具を合わせる。世界と活発な対話をする。 1-A：言語、シンボル、テキストを相互作用的に用いる能力 1-B：知識や情報を相互作用的に用いる能力 1-C：技術を相互作用的に用いる能力 ※道具とは、言語・情報・知識などを含む広い概念として用いている。また、相互作用的とは、人と人、人と環境との相互的な働きを指している。
2. 異質な集団で交流する （対人領域）	必要な理由 多元的社会の多様性に対応する。思いやりの重要性。社会資本の重要性。 2-A：他人といい関係を作る能力 2-B：協力する。チームで働く能力 2-C：争いを処理し、解決する能力
3. 自律的に活動する （対自己領域）	必要な理由 複雑な社会で自分のアイデンティティーを実現し、目標を設定する。権利を行使して責任を取る。自分の環境を理解してその働きを知る。 3-A：大きな展望の中で活動する能力 3-B：人生計画や個人的プロジェクトを設計し実行する能力 3-C：自らの権利、利害、限界やニーズを表明する能力

図12　OECD・DeSeCoの「キー・コンピテンシー」

とし込めることを目指しているのです。

◆世界でも同じ動きが巻き起こる

社会人基礎力のような現代人に求められる能力を明確化しようという動きは世界でも起きています。たとえば、経済協力開発機構（ＯＥＣＤ）は「ＤｅＳｅＣｏ（デセコ）」というプロジェクトを通して【図12】のように「キー・コンピテンシー」という考え方を提起していますが、それにもとづいて開発された国際的な学習到達度に関する調査、通称ＰＩＳＡと呼ばれるテストをみなさんもご存じでしょう。日本のみならず世界的に衝撃を与え、現在の教育に大きな影響を与えています。

また、ＯＥＣＤ以外にも、世界の国々で同じようなことが進められています。

表現の仕方は国によって若干異なっていますが、【図13】のとおり現代人に求められる能力はほぼ同じ内容

国	オーストラリア	英国（NCVQ）	カナダ	米国（SCANS）
ジェネリックスキル / コンピテンス	Mayer Key Competencies	Core Skills	Employability Skills Profile	Workplace Know-how
知的コンピテンス	・情報を収集し、分析し、整理する数的スキル ・問題解決力	・生涯学習力 ・数的スキル ・問題解決力	・思考力 ・数的スキル ・問題解決力 ・意思決定力	・思考スキル（創造的思考、判断、問題解決） ・基本スキル（読み書き、数学、対話）
社会的コンピテンス	・他者との協働 ・チームワーク	・他者との協働	・責任感 ・他者との協働	・チームワーク ・リーダーシップ ・責任感
コミュニケーションコンピテンス	・アイデアと情報の伝達 ・技術の活用	・コミュニケーションスキル ・情報技術	・コミュニケーションスキル ・技術の活用	・情報の活用 ・技術的システムの理解

図13　能力規定の世界的な動向

であるといえます。

◆データによる生徒・学生の実態把握

さて、現代社会で求められる能力を「共通言語」として表現する動きが進んできましたが、今後はこうした能力をデータとして「見える化」することが求められています。

ここで、2つのトランジション調査の結果を紹介したいと思います。

トランジション（Transition）とは、一般的には「移行、過渡期、変わり目」といった意味ですが、ここでは「学校から社会への移行」という意味で使います。現代の若者は、学校から社会へ移行するとき深い溝を越えていかなければなりません。

1つ目の調査は、京都大学高等教育研究開発推進センターと公益財団法人電通育英会とが2007年より実施している「大学生のキャリア意識調査」です。詳しい内容は中原淳・溝上慎一（編）の『活躍する組織人の探究　大学から企業へのトランジション』（東京大学出版会)をご覧いただくとして、ここではそのエッセンスをまとめておきましょう。

「大学生のキャリア意識調査」では、企業で活躍している人はどのような大学生活を送っていたかを調査したもので、次のような3つの特徴が明らかになりました。

① 豊富な教室外学習
② 良好な対人関係の構築、積極的な課外活動への参加
③ 明確なキャリア意識

こうした傾向は、2012年にビジネスパーソン3000人を対象にしたふり返り調査からも認められています。

これは、面白い結果だと思います。豊富な教室「外」学習とか積極的な課「外」活動への参加というわけですから、「まじめに大学の授業に出席しているだけでは社会で活躍できる力は身につかない!」ということを意味しています。ですから、出席点を重視して単位を認定しても、まじめさだけは評価できますが、本当に必要な能力は評価できないということになります。今の大学の実情を裏づけるものだと思います。

ところで、これらの3つの学ぶ態度はいつ形成されたのでしょうか。大学時代の学びに向かう態度を調査したものですから、大学時代には身につけていたはずです。けれども、大学生になって急に身についたのでしょうか。むしろ、高校までに学びの態度が形成されているのではないでしょうか。こうした仮説を検証するために、2つ目のトランジション調査が実施されました。

2つ目の調査は、京都大学高等教育研究開発推進センターと河合塾教育研究開発本部(現、教育イノベーション本部)とが2012年から実施している「学校と社会をつなぐ調査」(通称「10年トランジション調査」)です。現在も調査は継続中ですが、2015年に中間結果が公表されています。溝上慎一責任編集『どんな高校生が大学、社会で成長するのか「学校と社会をつなぐ調査」からわかった伸びる高校生のタイプ』

高校生タイプ	男子	女子	全体
1. 勉学タイプ （授業外学習時間が顕著）	22.5	27.9	25.1
2. 勉学そこそこタイプ （授業外学習も多いが、そこそこに他の活動もしている）	7.7	7.8	7.8
3. 部活動タイプ （部活動時間が顕著）	28.9	26.0	27.3
4. 交友通信タイプ （友だちと遊ぶ、電話、メール、SNS などの時間が顕著）	9.7	22.0	16.1
5. 読書傾向タイプ （マンガ、雑誌以外の読書時間が顕著）	3.0	1.5	2.2
6. ゲーム傾向タイプ （1 人でゲームする時間が顕著）	12.7	2.1	7.3
7. 行事不参加タイプ （上記の活動だけでなく、学校行事にも参加しない）	15.5	12.6	14.1

図 14　高校生の 7 タイプとその割合

（学事出版）にまとめられています。ここでは、調査から見えてきたことをまとめておきましょう。

「10年トランジション調査」では、「高校生がどのような学園生活を送っていると社会で活躍する能力が身につくのか」という点について調査しました。その結果、高校生を7つのタイプに類別することができました【図14】。

「勉学タイプ」は、将来の見通しを持ってしっかり勉学に励んでいる高校生です。ただし、勉学タイプといっても勉強ばかりしているのではなく、勉強も部活動も両立させているタイプです。このタイプの高校生が、社会で求められる能力を身につけていました。高校の先生方は、よく「文武両道が大切だ」とおっしゃって、勉強も部活動も頑張っている生徒が力をつけているという実感をお持ちですが、それがデータでも裏づけられる結果になりました。また、1つ目の「大学生のキャリア意識調査」で明らかになった「豊富な教室外学習」「良好な対人関係の構築、積極的な課外活動への参加」「明確なキャリア意識」の3つの特徴もかね備えていました。

次に「勉学そこそこタイプ」ですが、ネーミングからしてパッとしない感じですが、「勉学タイプ」に準ずるタイプです。「勉学タイプ」なら◎、「勉学そこそこタイプ」なら○といったところでしょうか。

それに対して、「部活動タイプ」は部活動中心で勉強は疎かになるタイプ。「交友通信タイプ」は、友だちとSNSばかりやっているタイプ。「読書傾向タイプ」「ゲーム傾向タイプ」は、自分の好きなことを中心に生活するタイプ。「行事不参加タイプ」は、その名の通り学校の行事には積極的に関わらないタイプです。これらのタイプは、自分の将来に対する意識が低く、見通しをもって生活をしていないタイプです。これらのタイプの高校生は大学で、そして、その先の社会で十分に活躍できない可能性が高いのです。

高校生の7タイプの割合も見てみましょう。もっとも期待の持てる「勉学タイプ」は、調査した全体の25％にすぎませんでした。つまり、4分の1の高校生は「イケている」が、残りの4分の3の高校生は何らかの課題を抱えていることになります。A君とBさんをこのタイプ分けでとらえれば、A君は「行事不参加タイプ」、Bさんは「交友通信タイプ」といえます。A君は教科学力だけでみれば評価は高いのですが、与えられたことだけを勉強し、学校の行事には積極的に参加していませんでした。このように、高校時代の過ごし方が社会に出る際に影響を与えていることが、この調査からも見えてきたのです。

データによって高校生の実態が「見える化」されるようになれば、高校の先生方、そして保護者のみなさんも自分の生徒や子どもに接するヒントがつかめるはずです。高校時代のA君に適切なアドバイスができていたら、A君はもっと有意義な社会生活を送れたはずです。教科学力以外の力を「言語化」して、データで「見える化」することの大切さをおわかりいただけたでしょうか。

多面的評価の必要性

◆大学生・高校生の学びを多面的にとらえる試み

ここからは、現代社会で求められる能力を「言語化」し、それをデータで「見える化」した取組みについてご紹介しましょう。学校法人河合塾と株式会社リアセックが共同で行っているプロジェクトです。この柱は、大きく分けて2つあります。大学生を対象にした取組みと高校生を対象にした取組みです。

河合塾は、大学の要請を受け、2000年から大学の1年生を対象にした「初年次科目」を開発し担当してきました。

当初のご依頼は、高校の数学や英語、生物、国語などの学力が足りないので補習してほしいというものでした。このような大学教育を受けるために必要な学力を補うことを「リメディアル教育」と呼びます。こうした教育が必要であることは理解できますが、だからといって入学させた学生に「お前は学力不足だ」というのもしっくりこない感じがします。当時はまだ「初年次教育」という概念が日本に定着していなかったので仕方ない面もありますが、たとえ学力に不十分なところがあったとしても、大学で学びたいという学生の気持ちに寄り添った教育にすべきではないでしょうか。

河合塾では、レポートなどの成果物などで成績評価をし、「スタディ・スキル」を育成する、初年次科目の授業と教材をつくりました。そこから、さらに客観的な指標で測ることができるよう、ＯＥＣＤなど諸外国の先行事例や研究成果を取り込んで「ＰＲＯＧ」を開発したのです。

ＰＲＯＧとは、Progress Report On Generic skillsの頭文字を取ったもので「プログ」と読みます。ＰＲＯＧは専攻・専門に関わらず、社会で求められる汎用的な能力・態度・志向、つまりはジェネリックスキルを育成・評価するためのものです。

「ちょっと待って！ いままで社会人基礎力といっていたのに、急にジェネリックスキルがでてきたけれど、それって何？」こんな疑問を持たれた方も多いと思い

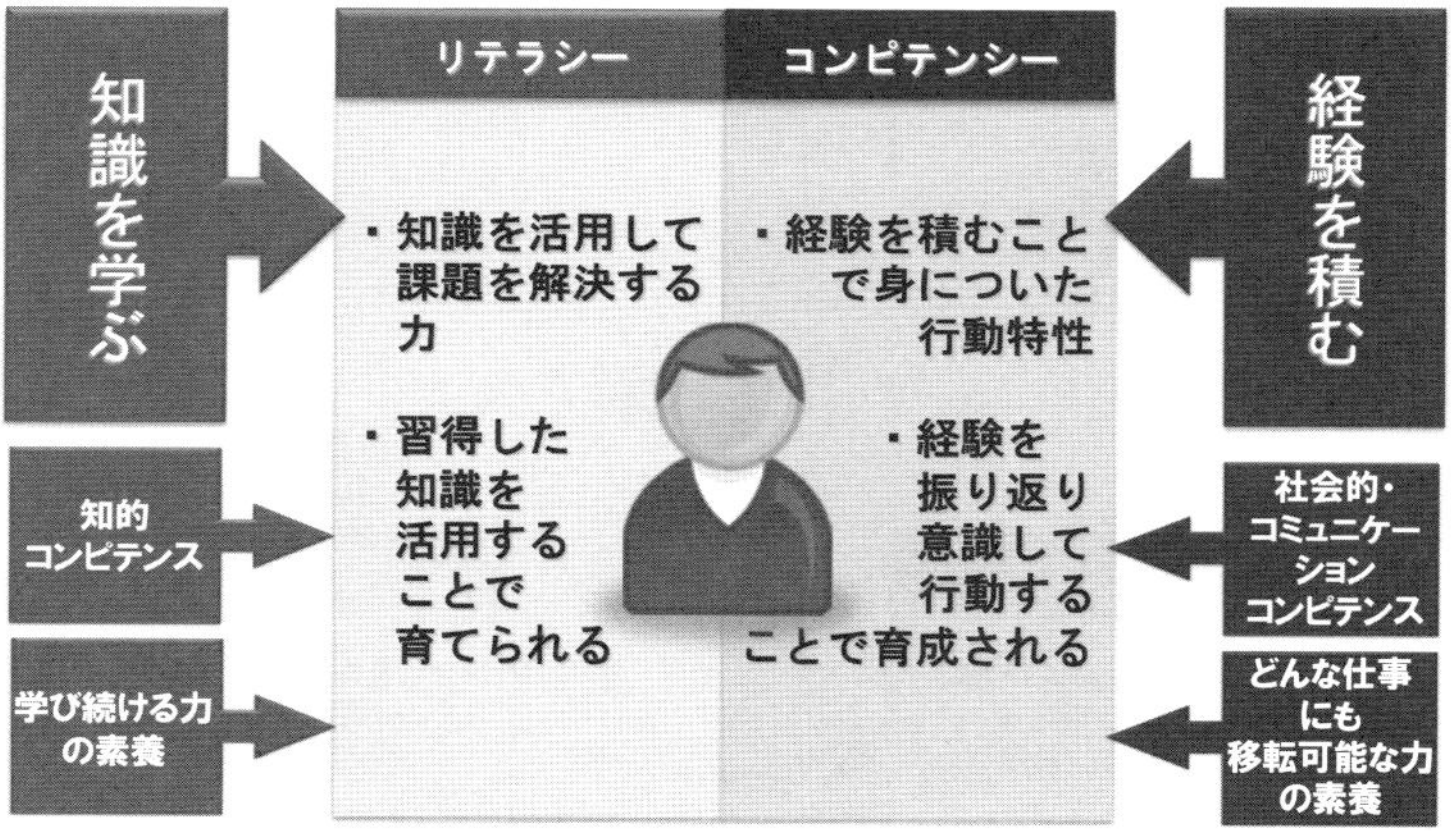

図 15　PROG の構成

ます。

われわれも当初、社会人基礎力をベースに考えていました。しかし、２００６年に経済産業省が「社会人基礎力」を唱えた後を追うように、２００８年に文科省が「学士力」を提唱しました。先ほど見た世界の動向と両者は、ほぼ同じことをいっているのです。そこで、世界の動向を踏まえて、「ジェネリックスキル」という言葉を使うことにしました。

さて、ＰＲＯＧですが、次のような2つの領域から構成されています。それは、知識を活用して問題を発見し解決する力である「リテラシー」の領域と、自分と他人との関係をよりよく構築する「コンピテンシー」の領域です【図15】。わかりやすくいうと、この2つの領域は人間が賢くなるときの2つのタイプのことです。つまり、人間は、知識を学んで賢くなることと、経験から学んで賢くなることがあるという考えのもとに構築されています。

リテラシー（Literacy）は、もともと「読み書き能力」という意味でしたが、現代では「情報を引き出し、活

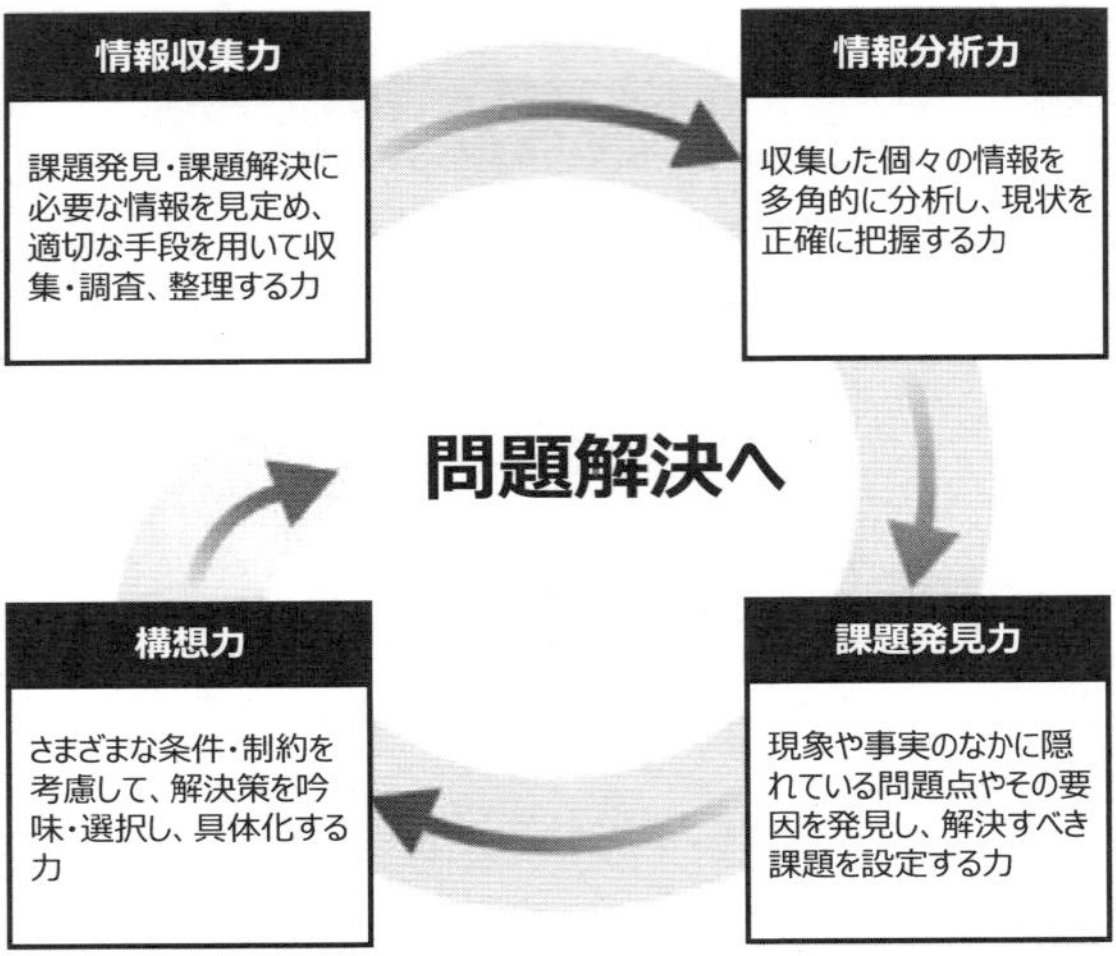

図16　PROGのリテラシー

用する能力」という意味で使われることが多くなっています。

ＰＲＯＧでは、リテラシーを、問題解決に必要な情報を集め（情報収集力）、集めた情報を分析し（情報分析力）、解決すべき課題を発見し（課題発見力）、解決策を多角的に構想し（構想力）、解決策を適切に表現し（表現力）、それを実行する（実行力）という問題解決のプロセスとして整理しています【図16】。これらは、物事の理解に関わる認知的な能力として一括されるものですが、問題解決のプロセスを意識するという教育的な配慮からこのような構成にしています。ただし、表現力と実行力は実際の成果（物）を評価するしかありませんので、ＰＲＯＧではマークシート式の客観テストでも評価可能な情報収集力、情報分析力、課題発見力、構想力を測定しています。

一方、コンピテンシー（Competency）は、高い業績を残している人に共通して見られる「行動特性」という意味です。たとえば、実績を上げている営業担当者に共通する行動特性という意味で使われます。もと

PROGのコンピテンシー		内容
課題発見力	課題発見力	問題の所在を明らかにし、必要な情報分析を行う
	計画立案力	問題解決のための効果的な計画を立てる
	実践力	効果的な計画に沿った実践行動をとる
対人基礎力	親和力	円満な人間関係を築く
	協調力	協力的に仕事を進める
	統率力	場を読み、目標に向かって組織を動かす
対自己基礎力	感情制御力	気持ちの揺れをコントロールする
	自信創出力	ポジティブな考え方やモチベーションを維持する
	行動持続力	主体的に動き、良い行動を習慣づける（学習行動を含む）

対人基礎力（経済産業省）	
考え抜く力（シンキング）	課題発見力
	計画力
	実践力
チームで働く力（チームワーク）	発信力
	傾聴力
	柔軟性
	状況把握力
	規律性
	ストレスコントロール
前に踏み出す力（アクション）	感情制御力
	自信創出力
	行動持続力

学士力（文科省）	
汎用的技能	・問題解決力 ・論理的思考力 ・情報リテラシー ・数量的スキル ・コミュニケーションスキル
態度・志向性	・チームワーク リーダーシップ ・市民としての社会責任 ・倫理観 ・自己管理力 ・生涯学習力
知識・理解	
総合的な学習経験と創造的志向	

図 17　PROGのコンピテンシー

もとは「ある職務や役割」において優秀な成果を上げている人を対象にしていましたが、現在では、社会人基礎力などに見られるように、社会人として優秀な成果を発揮する人に共通の行動特性という意味でも使われるようになりました。

　ＰＲＯＧでは、社会人基礎力や学士力の考え方を参考にして、コンピテンシーを【図17】のようにまとめています。

　本書ではこれ以上詳しく説明しませんが、こうしたことに興味をお持ちの方は『ＰＲＯＧ白書２０１５』をぜひご覧ください。

◆多面的評価から見えてきたこと

　ＰＲＯＧという多面的評価からわかったことを、簡単にまとめてみましょう。

　ＰＲＯＧを受験した約10万人の学生をクラスター分析という方法を用いて分析した結果、【図18】のように大学生を7つのタイプに類別できることがわかりました。これらタイプ分けにしたがえば、Ａ君は「理屈

① オールマイティタイプ	リテラシーもコンピテンシーも軒並み高く、コンピテンシーでは特に対課題領域が高い
② 優等生タイプ	リテラシーが極めて高く、コンピテンシーも親和力を筆頭に平均的に高いが、対課題領域だけが低く、優秀だが実践に弱いタイプ
③ 理屈タイプ	リテラシーが高く、論理的な思考は強いが、対人、対自己のコンピテンシーが低いタイプ
④ リーダータイプ	リテラシーは低いが、コンピテンシーが軒並み突出して高いタイプ
⑤ 社交タイプ	リテラシーは平均的だが、対課題領域以外のコンピテンシーは全般に高く、特に対人領域（親和力、協働力、統率力）が高いタイプ
⑥ フォロアータイプ	リテラシーが軒並み低く、コンピテンシーは親和力、協働力が高いが、統率力はさほど高くないタイプ
⑦ 内向きタイプ	リテラシーもコンピテンシーも軒並み低く、特にコンピテンシーの対人、対自己領域が低いタイプ

図18　大学生の７つのタイプ

タイプ」、Bさんは「社交タイプ」になるでしょう。

これらの7つのタイプの学生の割合を円グラフで表現したものが【図19】ですが、どのタイプも11・1～17・7％の間で推移しています。

さらに興味深いのは【図20】のように7つのタイプと偏差値のランキングとの関係を調べてみると、必ずしも、上位大学の学生がリテラシーもコンピテンシーも高いわけではないということです。

まさに、これこそが偏差値だけで評価することの限界を明らかにしたデータなのです。リテラシーもコンピテンシーも高いオールマイティタイプの学生は、どの偏差値の大学にも存在するのです。

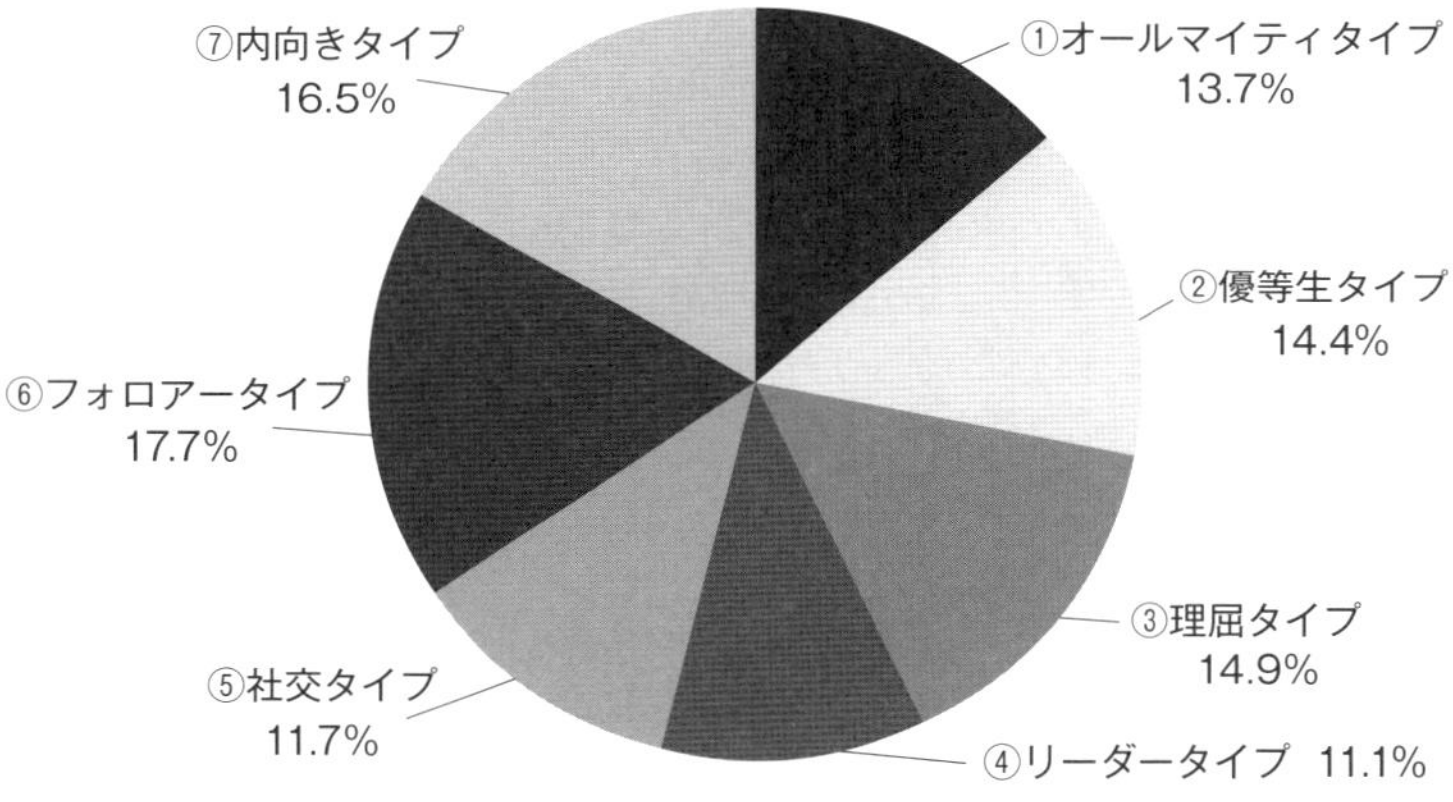

図19　7つのタイプの割合

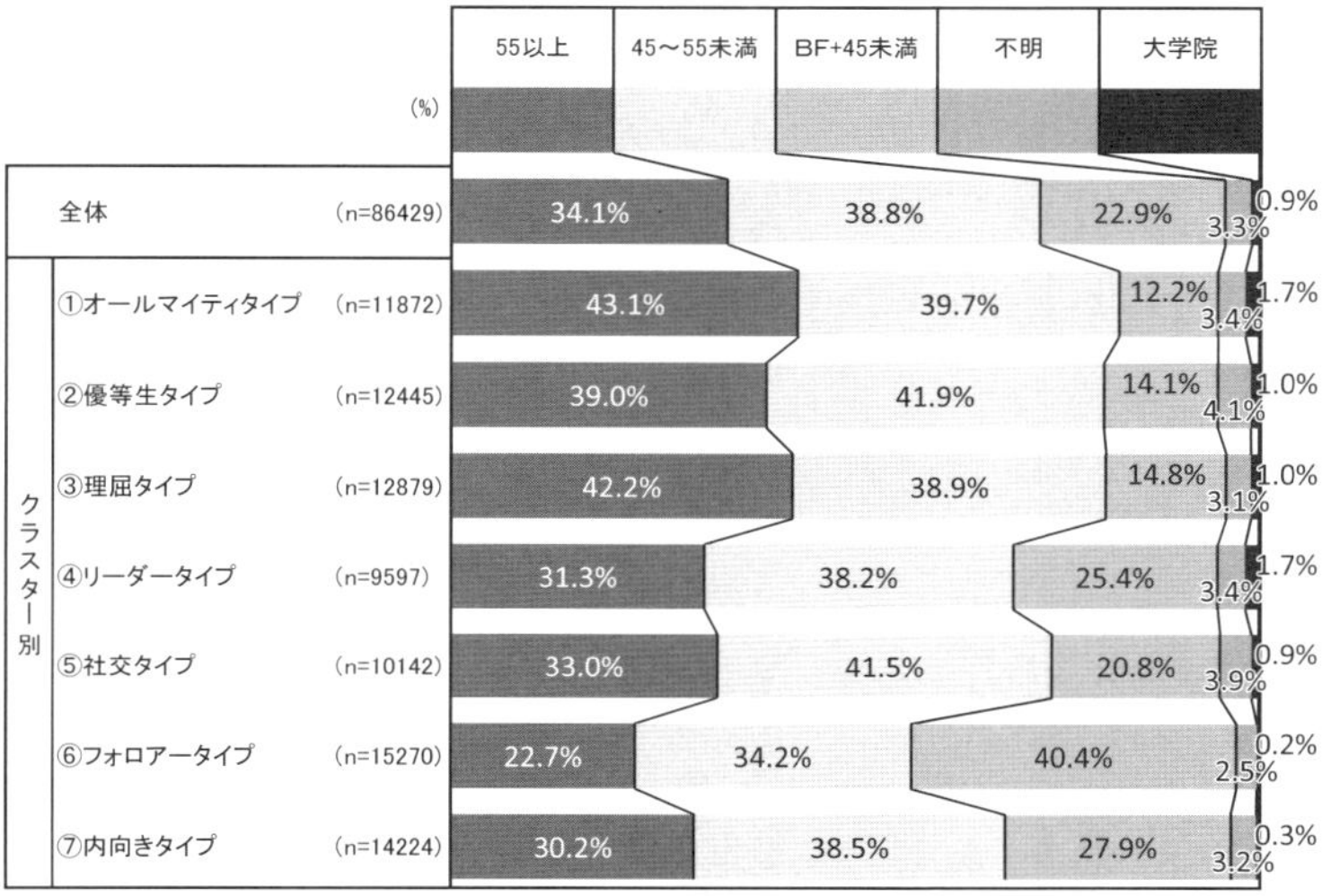

図20　入試偏差値別のタイプ分布

最後に、1つのエピソードをご紹介させて下さい。それはPROGがリリースされた初年度のこと。ある大学（大変失礼ですが河合塾の偏差値では45前後の大学）で、PROGを受験したある女子学生が話してくれました。

「私はこれまで学校の試験や模試で点数の取れないダメな人間だと思っていました。でも、PROGのコンピテンシーを見たら、人との関わりのスコアが高くてびっくりしました。自分のいいところがわかって元気が出ました」

そうです！ 教科学力だけが人の強みではないのです。ここに、多面的な価値基準を持つことの意義があるのです。彼女の話を聞いて勇気づけられたのは、私の方でした。

◆「学力の3要素」と対応した「学びみらいPASS」

PROGが大学に浸透すると、「高校版のPROGはないか」というお問い合わせをいただくようになりました。高大接続教育の教育改革とは関係なく、PROGを開発してきたのですが、結果的にそうした流れに合流することになったのです。ここでは、高校版のPROGにあたる「学びみらいPASS」についてご紹介します。

第1章でもお話ししたように、教科の知識・技能だけでなく、学力の3要素にもとづいた教育とその評価が求められていますが、「学びみらいPASS」はそうした点を踏まえて、【図21】ような構成になっています。

【図21】の測定内容とアセスメントの部分をご覧ください「Kei-SAT（ケイサット）」は、英語、数学、現代文の教科テストです。高校のどの学年で受けても学力を評価できるように「IRT」というテスト理論を活用して教科学力の伸長を確認できるようになっています。「PROG-H」は、高校版のPROGで、大学版と同様にリテラシーとコンピテンシーを

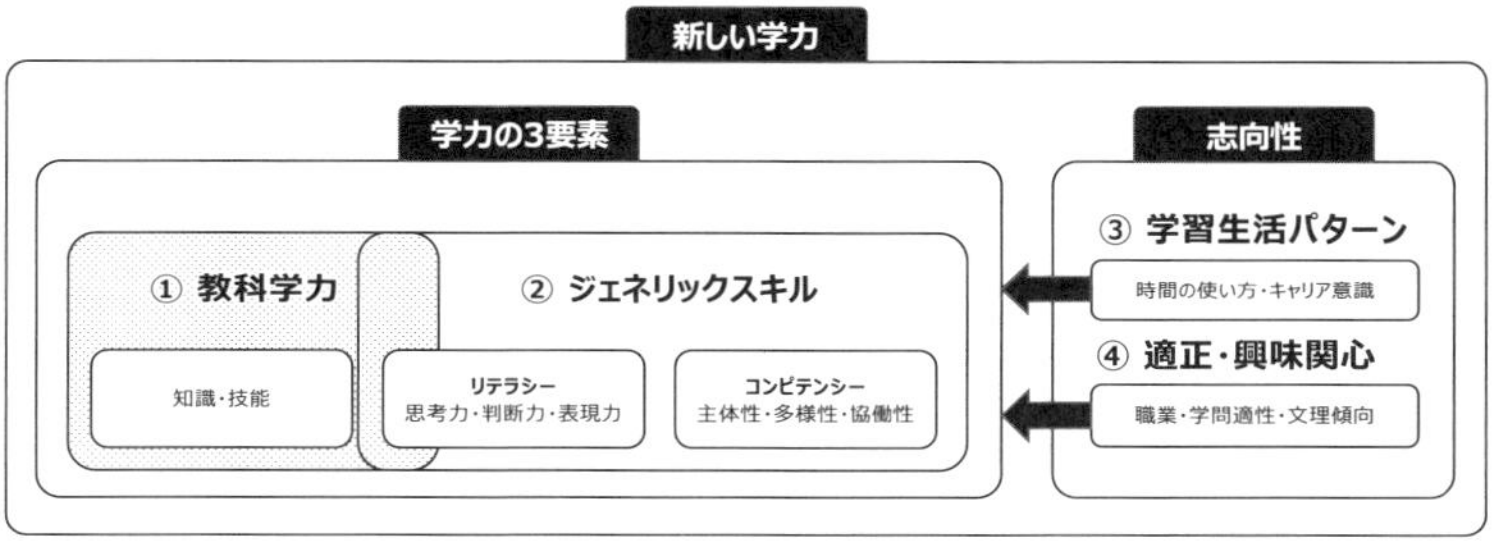

測定内容	アセスメントテスト
① 教科学力	Kei-SAT（ケイサット）
② ジェネリックスキル	PROG-H（プログ）
③ 学習生活パターン	LEADS（リーズ）
④ 適正・興味関心	R-CAP for teens（アール・キャップ）

図 21　学びみらい PASS の構成

測定しています。さらに、大学版と紐付けて成長を追える設計にしています。「Ｋｅｉ－ＳＡＴ」と「ＰＲＯＧ－Ｈ」を組み合わせると、「学力の３要素」を評価することができます。

「ＬＡＥＤＳ（リーズ）」は、高校生の学びに向かう生活態度を分類評価するもので、先述した「10年トランジション調査」で見えてきた高校生の７つのタイプをアレンジして活用しています。「Ｒ－ＣＡＰ」は、リアセック社のアセスメントで、高校生の興味・関心からキャリア意識を測定するものです。「ＬＡＥＤＳ」と「Ｒ－ＣＡＰ」を組み合わせると、学びに向かう「志向性」を評価することができます。

このように、「学びみらいＰＡＳＳ」では、４つのテストを組み合わせて個々の生徒や高校の特徴がわかるように工夫しています。

では、「学びみらいＰＡＳＳ」からどのようなことが見えてきたのでしょうか。『ＰＲＯＧ白書２０１６』で詳しいデータを示していますので、ここでは２つのポイントに絞ってお話しします。

教科学力総合		N数	%
○	370以上	1,494	49.9%
△	370未満	1,497	50.1%
総　計		2,991	100.0%

リテラシー総合		N数	%
○	4～7	1,300	43.5%
△	1～3	1,691	56.5%
総　計		2,991	100.0%

コンピテンシー総合		N数	%
○	4～5	1,439	48.1%
△	1～3	1,552	51.9%
総　計		2,991	100.0%

	教科学力総合	リテラシー総合	コンピテンシー総合	タイプ別出現率	
	○＝370以上	○＝4～7	○＝4～5	N数	%
	△＝370未満	△＝1～3	△＝1～3		
（ア）オールマイティ型	○	○	○	444	14.8%
（イ）コンピ不足型	○	○	△	491	16.4%
（ウ）リテ不足型	○	△	○	298	10.0%
（エ）リテコンピ不足型	○	△	△	261	8.7%
（オ）学力不足型	△	○	○	162	5.4%
（カ）学力コンピ不足型	△	○	△	203	6.8%
（キ）学力リテ不足型	△	△	○	535	17.9%
（ク）オール不足型	△	△	△	597	20.0%
				2,991	100.0%

図22　学力の３要素にもとづく高校生の８タイプ

出典：『PROG 白書 2016』より転載

(1) 多様な生徒像

教科学力を測定する「Ｋｅｉ－ＳＡＴ」と「ＰＲＯＧ－Ｈ」のリテラシーとコンピテンシーをもとに、「教科学力」×「リテラシー」×「コンピテンシー」の３つの要素、つまり【図22】の通り、「学力の３要素」でタイプ分けします。すると、以下（ア）～（ク）の８つのタイプに分類することができます。

（ア）教科学力、リテラシー、コンピテンシーの３要素がいずれも高い、「オールマイティ型」。

（イ）教科学力とリテラシーは高いが、コンピテンシーが低い「コンピ不足型」は、知的な能力は高いが社会性に乏しいタイプ。A君がこのタイプです。

（ウ）教科学力とコンピテンシーが高いが、リテラシーレベルが低い「リテ不足型」は、真面目に勉強しているが応用力に課題があるタイプ。

（エ）教科学力が上位で、ジェネリックスキルがリテラシー、コンピテンシーともに低い「リテコンピ不足型」は、教科学力中心の従来の評価なら優秀な生徒とされるが、多面的評価のもとではジェネリックスキル不足で社会性に課題が残るタイプ。
(オ) リテラシー、コンピテンシーともに高いが、学力だけが不足している「教科学力不足型」は、社会性があり地頭もいいが学校の勉強を疎かにしているタイプ。勉強を頑張れば伸び代が大きいのが特徴。
(カ) 教科学力とコンピテンシーが低く、リテラシーだけ高い「学力コンピ不足型」は、地頭のよさだけで乗り切ろうとしているので、勉強や経験が必要なタイプ。
(キ) 教科学力とリテラシーが低く、コンピテンシーが高い「学力リテ不足型」は、社会性は高いが勉強が苦手なタイプ。Bさんがこのタイプです。
(ク) 教科学力、リテラシー、コンピテンシーの3要素がいずれも低い「オール不足型」は、一番伸び代があるタイプ。

さて、こうしたタイプ分けを見て、みなさんはどう感じましたか?

教科学力だけで高校生をとらえていたときに比べ、生徒の実態をより現実的にとらえているといえます。教科学力だけでは見えてこない力を「見える化」することで新しい世界が開けてきたといえるでしょう。個人の特徴を、よりリアルにとらえることができます。

(2) 高校の実態

教科学力だけで高校をとらえていたときとどのような違いが見えてきたのでしょうか?

こちらも、現在の高大接続教育改革で指摘されていることを裏づけるデータがあります。【図23】をご覧ください。このデータは、『PROG白書2016』に掲載されたものを転用しています。受験者集団が増えている最新のデータと比べると、パーセンテージに違いはありますが大きな傾向は同じです。

難関大学へ多数進学する「超進学校」では、学力の3要素がバランス良く育っている生徒が半数近くいま

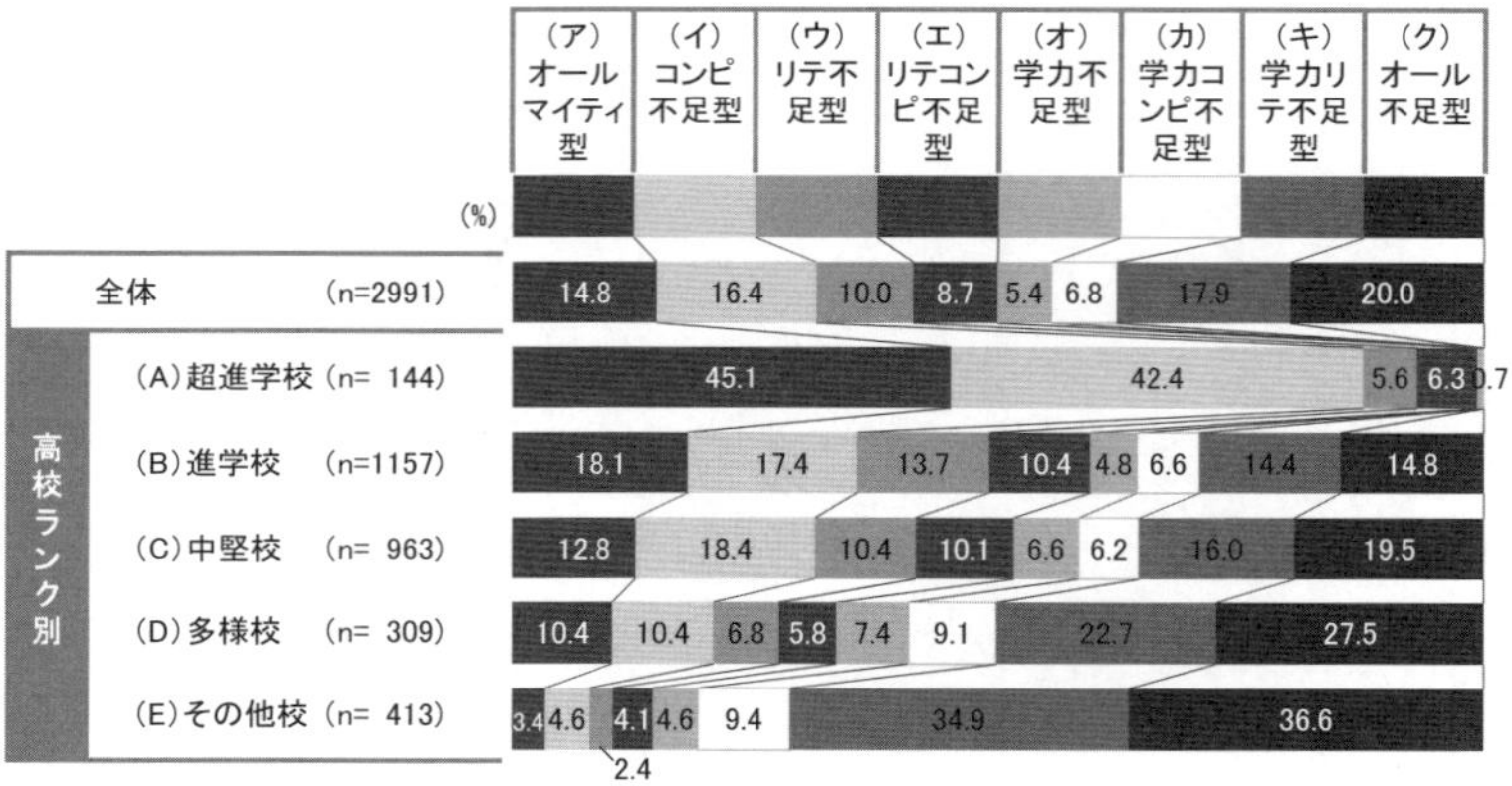

図23　学力の3要素と高校ランク

出典：『PROG白書2016』より転載

す。けれども、A君タイプの知的な能力は高いが社会性に乏しいタイプも多くいるのです。高大接続教育改革で、日本のトップ層の大学生が国際社会でタフに生きていく力に乏しいと指摘されていますが、まさにそれを物語るデータです。

その一方で、いわゆる「中堅校」や「進路多様校」でも学力の3要素をバランスよく身につけている生徒は確実にいるということがわかります。これは、偏差値によるランキングだけでは決して見えてこなかったことです。また、こうした高校には社会性に優れているBさんタイプの生徒も多くいます。すべての生徒が自分の強みを理解し、自信を持って力強く社会に巣立っていってほしいと思うのです。

◆入試を変えると東大生が半分入れ替わる?

ここからは、「仮想」の話をさせてください。もし、東京大学が「学びみらいPASS」を用いて選抜を行ったらどうなるかという話をしてみたいのです。こんなことは現実にはありえないことですが、1つの問題提

高校生タイプ	受験者全体		合格者数と%（採点方式別） ① 従来型（教科のみ）				② 総合能力判定				③ 主体性（コンピ）予備選抜型				④ 主体性（コンピ）参考型			
	人数	%	合計	男性	女性	%	合計	男性	女性	%	合計	男性	女性	%	合計	男性	女性	%
進学校	423	12.3	48	11	37	48.0	44	6	36	44.0	41	7	34	41.0	45	8	37	43.3
中堅校	513	14.9	25	19	6	25.0	29	17	12	29.0	31	19	12	31.0	33	24	9	31.7
多様校	2,106	61.1	14	6	8	14.0	17	6	11	17.0	17	7	10	17.0	16	8	8	15.4
その他	403	11.7	13	11	2	13.0	10	8	2	10.0	11	9	2	11.0	10	9	1	9.6
合計	3,445	100.0	100	47	53	100.0	100	37	63	100.0	100	42	58	100.0	104	49	55	100.0

高校生タイプ	① 従来型	② 総合能力判定			③ 主体性（コンピ）予備選抜型			④ 主体性（コンピ）参考型		
	合計	合計	うち従来型	残留率	合計	うち従来型	残留率	合計	うち従来型	残留率
進学校	48	44	23	48	41	26	54	45	27	56
中堅校	25	29	10	40	31	13	52	33	16	64
多様校	14	17	5	36	17	8	57	16	8	57
その他	13	10	7	54	11	9	69	10	9	69
合計	100	100	45	45	100	56	56	104	60	60

※②総合能力判定（教科＋リテラシー＋コンピテンシー）の採点方式にした場合の、①従来型の合格者のうちの合格者数と残留率を算出

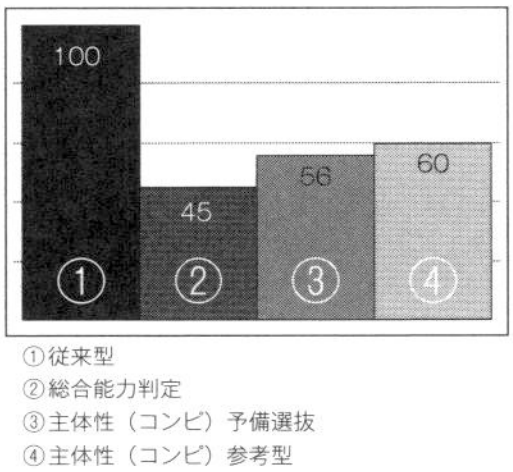

図 24　仮想東大入試　採点方式別合格者シミュレーション結果

出典：『カレッジマネジメント 209 号』（リクルート）をもとに編集部で作成

起としては大きな意味を持つと思います。

ＰＲＯＧの開発を河合塾と一緒に行ってきた、リアセックキャリア総合研究所所長の角方正幸さんが『カレッジマネジメント２０９号』（リクルート）に興味深い寄稿をしています。東大の選抜を「学びみらいＰＡＳＳ」をもちいてシミュレーションしたのです【図24】。

シミュレーションの概要は、「学びみらいＰＡＳＳ」の教科学力だけで評価した「①従来型」、教科学力とリテラシー、コンピテンシーの３要素で評価した「②総合判定方式」、コンピテンシーが一定水準（レベル３以上）を超えた者の中から教科学力とリテラシーが高い者を評価した「③主体性（コンピテンシー）予備選抜型」、教科学力とリテラシーが高い者の中からコンピテンシーが高い者を評価した「④主体性（コンピテンシー）参考型」の４つのパターンで分析しています。

なんと、「①従来型」と「②総合判定型」では、半数近くが入れ替わってしまうのです！

詳しい内容は、『カレッジマネジメント２０９号』をご覧いただきたいのですが、いかに現行の大学入試が偏った力しか評価してこなかったのかが、一目瞭然です。私がここまで力説してきたことがシミュレーションとはいえデータで裏づけられています。

繰り返しますが、このシミュレーションは「問題提起」に過ぎません。けれども、感覚的に提起したわけではなく、「学びみらいＰＡＳＳ」とそれに先行するＰＲＯＧから見えてきたことを踏まえたものです。これらのデータがすべてだとは思いませんが、同様の取組みが進み、地に足がついた議論が深まっていくことを願ってやみません。

第 3 章

受験生・保護者に伝えたいこと

受験生・保護者はどう大学を選べばよいか

◆人を育てる評価とは？

ここまでの話のなかで教科学力だけでなく多面的な評価が必要だということはわかっていただけたと思いますが、ここからはそもそも「評価とは何か」ということをお話ししたいと思います。

ここでもA君とBさんに登場してもらいましょう。2人とも高校2年生だと仮定します。学校で、「学びみらいＰＡＳＳ」を受験した結果が返ってきました。A君は教科学力とリテラシーは高いが、コンピテンシーが低い、逆にBさんはコンピテンシーは高いが、教科学力とリテラシーが低いという結果でした。はじめて結果を見たふたりの頭の中は「は？」という感じです（実際には資料返却と同時に解説会を行いますのでご安心ください）。人間ドックで「γ－ＧＴＰ値が高い」といわれて「だから？」と思うのと似ていませんか？

そうです。客観的な数値と自分の納得感が一致しないと人は行動を変えません。「γ－ＧＴＰが高いからといってすぐ死ぬわけじゃないだろ？」と平然と美酒をあおっている友人を見るにつけ強く感じるわけです（笑）

ならば、評価とはいったい何のためにあるのでしょうか？

日本では「評価」というと、一般的に物や人物の「善し悪しを判断すること」のように受けとめられています。しかし、教育の世界では、さまざまな考え方がありますが、先述したように、大きく「形成的評価」と「総括的評価」という2つの種類があります。

高校や大学の先生方と評価についてお話をしていると、この2つの違いを理解していない方が多いのでびっくりします。保護者のみなさんはなおさらかもしれません。

繰り返しになりますが、「総括的評価」とは、授業や学期の最後の最後に、学習の成果を総合的・全体的に把握するために行う評価のことで、いわば「値打ちを決める値踏み」に近い意味です。一般には期末テストや年度末試験、成績評価などを指すため、日本ではこれが「評価」だと思われている傾向があるのです。

それに対して、「形成的評価」は、学習の最中に、その後の学習の改善のための診断として行われる評価のことです。教師にとっては授業が目標を実現できるように進められているかを確認し、不具合があれば修正する機会になりますし、生徒・学生にとっては自分の学びの到達度や現状を理解して、学び方を修正したり次の学習につなげたりすることができます。ですから、形成的評価は成績に入れないのが一般的です。

このような２つの評価に違いがあるわけですが、これを同じ「評価」という言葉でくくると混乱するため、総括的評価の方を「評定」、形成的評価の方を「評価」あるいは「アセスメント」と呼ぶ場合もあります。もっとも、呼び方を変えて問題が解決しているかは別問題ではあるのですが。

いずれにせよ、評価というとすぐに成績評価のことを連想してしまうことに大きな問題があります。つまり、成績評価は学習の「ある一時点の結果」でしかないのですが、それがあたかも「その人の値打ち」だと思われてしまいがちだということです。

ちょっと考えてみてください。高校生や大学生は、授業の中で学んでいるのは当然ですが、授業外の部活動や友達づきあい、親との関係の中でも、さまざまなことを学び、日々成長しています。工場でつくられた製品を出荷前に検査して製品として評価するのとはまったくわけが違うのです。

ちょっと堅い話になりますが、評価を考えるときには「いつ／だれが／何を／何のために／どのように評価するのか」ということを意識する必要があります。たとえば、「学期末に／教師が／生徒の知識や技能の定着度を／クラスのなかで順位を付けるために／ペーパーテストで評価した」ものがいわゆる成績評価になるわけです。そして、生徒は通知表の３とか４とかという数字で自分の評価を後から知ることになります。

これに対して、「授業の最中に／生徒自身が、生徒同士が、そして教員が／生徒自身の理解を深めるために／生徒が理解したことを話したり、書いたり、発表したりしたことで評価し合うとこと」が、学びを深める形成的評価です。

ここで、先ほどのA君とBさんの話に戻りましょう。A君は数学の期末試験は90点、成績も5段階評価の5でしたが、Bさんは数学のテストで赤点を取り、成績も2でした。ここからA君は数学が得意でBさんは数学が苦手だということはいえそうです。実際に、A君は授業や教科書の内容を理解できていましたし、逆にBさんはわかっていなかった部分が多かったので、2人ともこの成績に納得感があります。

ところで、時間を巻き戻してこの学期の最初に戻ってみましょう。先生は数学の内容を要領よく、そしてわかりやすく教えてくれましたので、A君はすんなり理解できました。Bさんはつまずいたままでしたが、先生はどんどん先に進み、取り残されてしまいました。この結果は、Bさんの理解力がないから仕方ないと片づけられるものなのでしょうか?

実はBさんは、授業の先生の話がまったくわからなかったのではなく、いままでの自分の経験や理解から「腑に落ちない」ことがあったのです。数式を機械的に操作することはできても、そこにどんな意味があるのかしっくりこなかった。もし、授業の途中でA君とBさんが話し合う時間があったら、Bさんは自分の疑問をA君にぶつけることができたでしょう。A君もわかったつもりになっていましたが、Bさんの根本的な質問には答えられなかったかもしれません。そして、このやり取りを聞いていた先生が2人の話をもとにもう一度説明し直してくれていたらどうでしょう? 今度はBさんも納得できたかもしれません。

このエピソードは授業の中の小さな出来事でしかありませんが、形成的評価の大切さを知るポイントでもあります。先生が一方的に話しているだけでは、それがどんなにわかりやすい授業であったとしても、Bさんのつまずきは見過ごされ、Bさんの質問から触発されたA君の学びもありません。

形式的評価をはさむことで、授業の終わりの小テストでは、A君もBさんも満点を取ることができました。それだけでなく、Bさんは自分が今日どこでつまずき、どのようにしてそれを克服して理解できるようになったのかを「ポートフォリオ」に書き込みました。自分がどうして理解できたのかを後でわかるように言葉で残しておいたのです（ポートフォリオについては後ほど説明します）。

さて、みなさん、Bさんは数学が苦手ということでしたが、先生も生徒も授業の内容の理解を確認しつつ、つまり互いに形成的評価を繰り返しつつ学期を過ごしたなら、Bさんは数学が苦手のままでしょうか。そんなはずはありません。Bさんも4を取るくらい数学を理解できるようになっているはずです。

ドイツの哲学者でヘーゲルという人がいます。小難しいことをいうことで知られた人ですが、彼はこんなことをいっていました。

「評価基準は、評価者とともに成長する」

正直なところ、最初にこれを読んだとき、まったく何をいっているのかわかりませんでした。ところが、予備校で教えるようになり、予備校生が学習を経て力をつけていく様子を見て、はたと気がついたのです。

今までできないと思っていたことができるようになると、さらにその先が見えてくる！　勉強とは階段を上りながら、自分で階段をつくり直すことだ！

何ができるようになったのかを自分で理解できるようになれば、学びはどんどん深まっていくのです。つまり、自分自身の学びを形成的に評価し、学習者は評価とともに成長することができるのです。

このことは、評価観の転換ですが、教育観の転換ともいい換えられます。知識を伝えることが教育なのではなく、学習者自身が学びを深められるように支えることが教育だと定義づけられるのです。

でも、この主張は先生方から反論されてしまいそうです。

たとえば、こんなふうに。「お前のいっていることはきれいごとだ。たしかに、形成的評価で生徒は伸びるかもしれない。でも、成績はつけなければならないんだ。それに、受験生はセンター試験を目指して勉強しているんだから、いい点数が取れるように教えて何が悪い。だったら、大学入試は何の評価なんだ。センター試験は教科学習の成果を測ってるから高校の総括的評価といえるんじゃないのか！」

お気持ちはわかります。でも、残念ながら、現行の大学入試は高校までの学習の到達点を測定するものではなく、選抜のための「切り点」を決めるものでしかありません。もし、大学入試が高校までの到達目標を測定するものであれば、到達すべき目標を明示し、それを段階的に測定できるものでなければならないはずです。たとえば、80点以上がA、70点がBという具合にです。

しかし、現行の100点満点のテストでは、60点であろうが59点であろうが大した意味はなく、合否の境目がどこにあるのかだけが重要なのです。センター試験が0～100の素点にこだわっているのは、まさにこのためです。

ところで、そもそも論に立ち返ると、100点満点のテストは学力を正確に測定しているのでしょうか？

声を大にしていいましょう、答えは「ノー！」です。

センター試験の国語の問題を例にとってみましょう。国語の試験は現代文の評論と小説、古文と漢文の大問4題から構成され、それぞれ50点で計200点です。評論の問題を例にとると、漢字問題が5題で各2点の計10点、残りの問題が5～6題でそれぞれ6～8点、計50点です。一見、何の問題もないように思えるのですが、よく考えてみてください。2点の漢字問題と8点の読解問題では4倍の開きがあります。だとすれば、漢字問題と読解問題との難度の差、つまり、そこに現れている学力の差は4倍なのでしょうか？ そして、そこには客観的な基準があるのでしょうか？

こちらの答えも「ノー」です。こうした配点は50点満点するために「恣意的」に決めているだけなのです。

たとえば、試験結果が想定以上に悪かった場合、事後的に配点を調整して平均点を60点近くにすることは技術的に可能です。もちろん、大学入試センターがこんなことをするはずはありませんが、配点をいじれば平均点を変更することなど簡単なのです。

では、センター試験はまったく恣意的なテストなのかというと、そうとまではいえません。今までの議論を踏まえてその意義を整理すると、センター試験は、学習評価のためのテストではなく「選抜」の線引きをするためのテストであり、「一回限り」の試験であるという点で「公平」であり、高校ごとに定めた基準に基づいて実施されるのではないという点で「客観的」

だといえます。機会の公平性と外的基準の客観性といい換えることができますが、精度は度外視して、1つのものさししかないのだから公平だということです。

ただ、センター試験のような客観テストの場合、恣意性の高い100点満点のテストではなく、もう少し正確に学力を評価する方法もありますが、ここでは技術的な話には立ち入らないことにします。

いかがでしょうか？「評価の本質は人を育てることにある」「現行の大学入試は評価・評定ではなく、選抜のために1点刻みの試験である」という2つの視点から話をしてみました。はじめにからここまで読んでこられた読者のみなさんは、本書の結論にうすうす気がついたかもしれません。

そうです。大学入試は「選抜から接続へ」、そして「育成へ」。若者をタフに育てる方向へとシフトすべきだということです。

◆高校・大学・社会をつなぐ人を育てる評価構築

(1) 評価の「共通言語」を持とう！

教育の世界と実社会に溝があるならば、それを埋めることが必要です。そのためには、高校・大学・社会をつなぐ「共通言語」が欠かせません。社会人基礎力もその1つといえますが、ここでは「知識・技能、リテラシー、コンピテンシー」の3つの領域について考えてみたいと思います。

【図25】をご覧ください。高・大・社接続のイメージを図化したものですが、知識・技能については、高校・大学・社会で内容が変わってきます。

たとえば、A君を例にとってみます。高校では、数学と物理が得意で、大学では情報工学について学びました。けれども、就職して営業を担当するようになると、営業ノウハウはもちろんのこと、商取引に関する法律の知識も必要になってきますし、部下を持つようになればマネジメントのノウハウも必要になってきます。このように必要とされる知識・技能は個人のステージに合わせてどんどん変わっていくものですから、新しい知識を自分から「取りにいく」姿勢が必要です。

大変誤解されているのですが、アクティブ・ラーニン

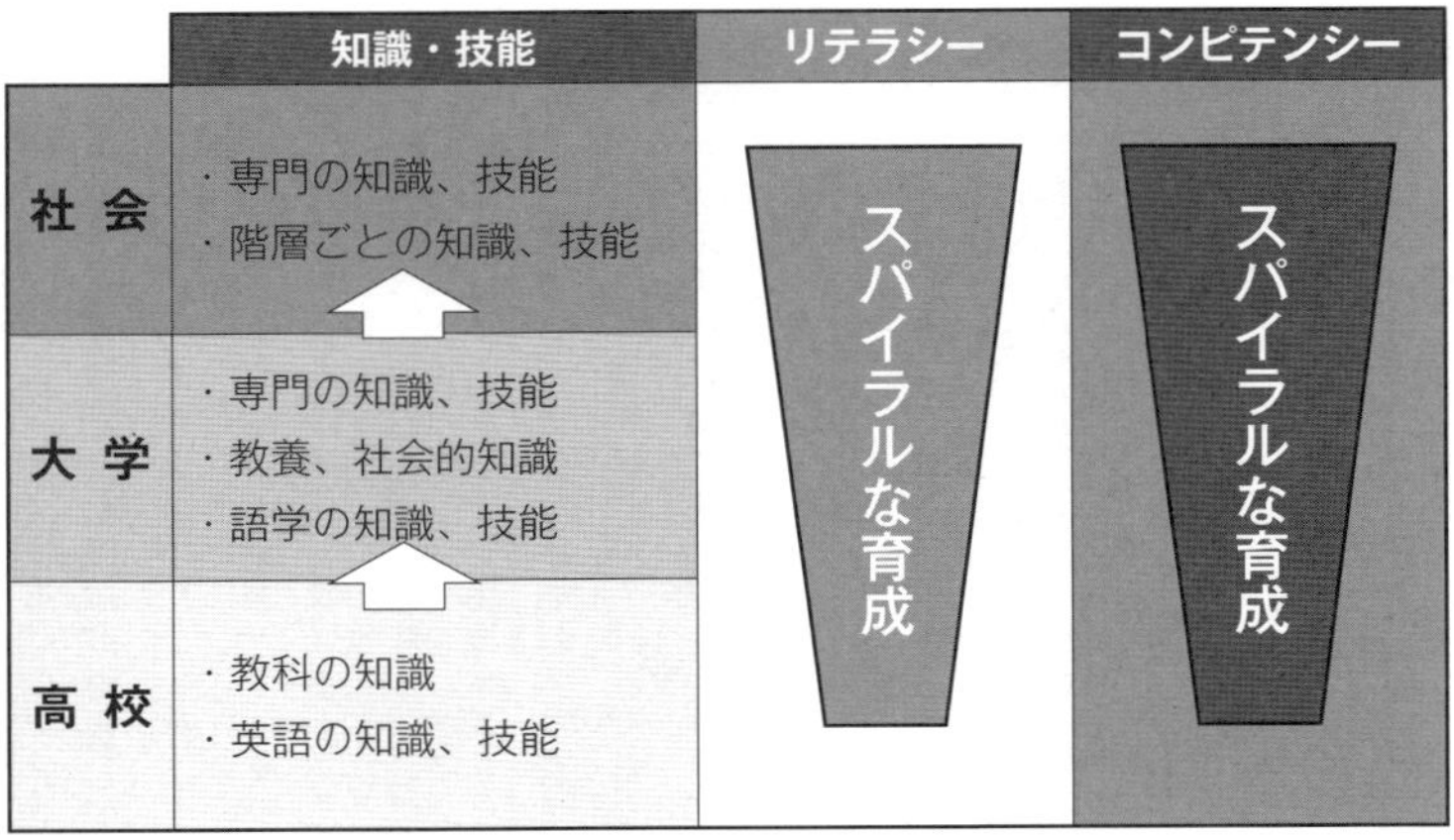

図25　高・大・社接続のイメージ

グの本質は、このように「自ら学び続ける力」をつけることにあります。

それに対して、考えたり判断したり表現したりというリテラシーや、自分をコントロールしつつ他人と協働してよりよい活動を生み出すコンピテンシーは、年齢に関係なくいつでも育成することが可能です。A君も高校生のときから対人関係のコンピテンシーを意識していれば、アラサーになって「残念な先輩」といわれないで済んだでしょう。

そのポイントは、いかに教育と実社会の橋渡しができるかにあります。

(2) 評価を橋渡しするフレームをつくろう!

これからお話しすることは、実は高大教育・入試改革でもっとも重要なことなのですが、まだ明確な形になっていません。

高校や大学はそれぞれ教育目標を掲げ、それを実現するための教育を行っています。高校では、学習指導要領に則した教育が行われていますが、その到達目標は必ずしも同じではないのです。高校側が作成した成

レベル	特　徴	メリット	デメリット
社会レベル ユニバーサル	・全国レベルで実施される共通テストによる客観的評価 ・当該社会で求められている能力を測定する	・高校や大学の教育成果を比較できる ・個人のポジションを相対化できる	・高校や大学、及び個人の固有性を無視したデータになる
学校レベル ローカル	・高校や大学が定める教育目標に照らした到達度評価 ・ルーブリックや成績をもちいて学修成果を評定する	・生徒・学生がなにをできるようになったかを明示できる	・高校・大学で定める教育目標が異なるため比較が難しい
個人レベル パーソナル	・生徒・学生が自分の経験にもとづいた学びと成長の証しを明示できる ・ポートフォリオにもとづいて自己アピールできる	・生徒・学生が自分の経験をふり返り、社会に出ても困難を乗り越えて成長できることを示せる	・書いてある内容に保証がなく、作り話の可能性もある

図 26　評価の３つのレベル

績表や内申書を大学側がそのまま受け入れることができないので、センター試験や独自入試の結果を参考にするわけです。

受験する高校生も、自分の実力がどの程度なのか不安になるので、全国規模で実施される模擬試験の結果を参考にしながら受験校を決めます。ただし、模擬試験は教科学力しか測定できないことが問題であることは繰り返すまでもないでしょう。

一方、ＡＯ・推薦入試では、就活のエントリーシートにあたる資料の提出を求められています。高校生が部活動や課外活動で自分が経験したこと、特に困難を乗り越えて成長したことなどを書いてアピールするのですが、高校の先生が手を加えたり、はたまた代筆する塾が現れたりと、いまいち評判がよくありません。

では、高校から大学、そして社会へと評価を橋渡しするために、それも「信頼できる橋渡しにするために」必要なことはなんでしょうか。

それを見出すために、【図26】で「学校レベル・ローカル」「個人のレベル・パーソナル」「社会レベル・ユニバーサル」という3つのレベルで評価することのメリット、デメリットを考えてみましょう。

評価というと高校や大学の成績評価のことが最初にイメージされるかもしれません。とりあえずここから話をすると、高校・大学でそれぞれ教育目標が定められており、それを実現するためにカリキュラムがつくられ、それにしたがって生徒・学生が学び、学習の成果は成績表やルーブリックで評定（総括的評価）されます。こうした評定、それは教育機関の説明責任を果たすものですから厳格になされる必要があります。ちなみに、ルーブリックとは評価の観点を段階的に表現した評価基準のようなものです。

それを前提として、（ここは性善説に立つしかないのですが）高校・大学は誠実に成績評価をしたとしましょう。それでも、教育機関のポジションによって到達目標が異なっているので、それを評価可能なものにするためには、客観的なテストを併用するしかありません。PROGや学びみらいPASSなどはその例の1つになりますが、他にも全国レベルの学生調査や資格試験などでも可能です。

でも、最終的には生徒・学生個人がどのような学びや成長を遂げてきたのかを知ることが、その後の活躍を占う意味では重要になっています。企業が採用面接で重視しているのもこの点です。

こうしてみると、必要なのは「何をどのように評価するのか」という基準を示すことがポイントになりそうです。最近ではこれを「アセスメント・ポリシー」と呼ぶようになっています。

たとえば、大学の成績評価なら、授業への参加度と理解度を毎回小テストで確認し、期末試験と学期中に3回出すレポートで評価するとして、それぞれの割合を「小テスト40％、期末試験30％、レポート30％」という具合です。そして、こうした評価の方針はシラバスに明記されなければなりません。

高校や大学の教育機関「内」での評定（総括的評価）はこれでいいのですが、高校生や大学生がどのように成長してきたのか、つまり経年での変化は見えません。

そこで、PROGなどのスコアや生徒・学生が自己開示する成長の証しを「参考」にするともう少し学びの実態が見えてくると思います。

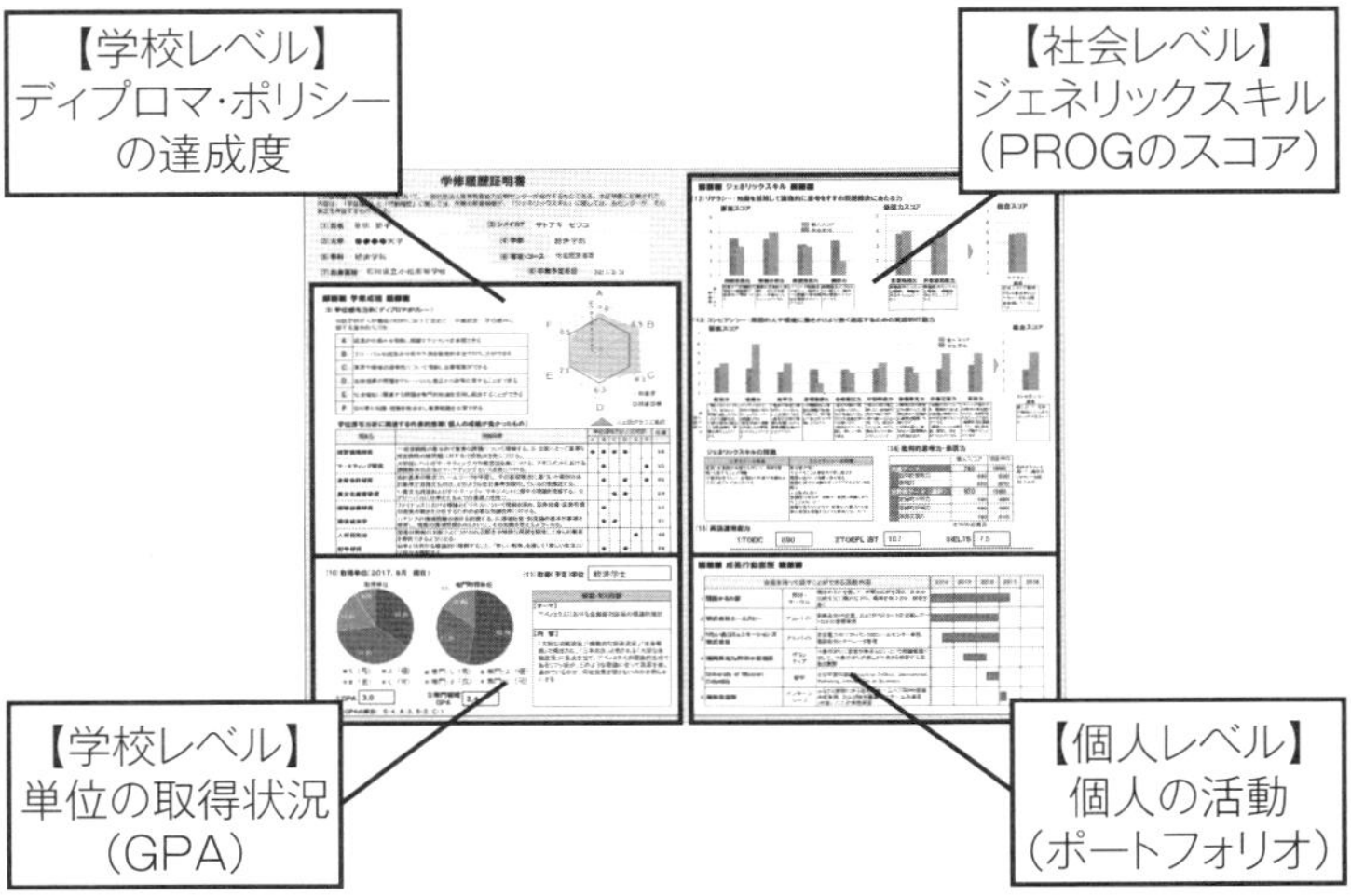

図 27　評価フォーマットの例（ディプロマ・サプリ）

【図27】で示しているのは、大学生が企業に提出する書類のイメージです。「ディプロマ・ポリシーの到達度、大学の成績、卒論の内容、ＰＲＯＧのスコア、成長の履歴」が一覧化できるようになっています。こうしたペーパーがエントリーシートと一緒に提出されれば、企業側もより求める人物像を採用できるようになるでしょう。

ただ、課題も山積みです。

まず、「高校・大学レベル」ですが、教育目標に則して厳格に成績をつけているか、学生の成長を促すルーブリックを作成し適切に運用しているかという点になると、これからの課題だといわざるを得ません。こうしたことを実現するためには、教職員の連携・協働が不可欠です。まさに教育機関の「組織開発」が必要なのですが、ほとんどの大学でできていないというのが現状です。そういう意味で、本書の後半で紹介する３つの大学は、よい先行事例になるでしょう。

次に「個人レベル」ですが、まずは生徒・学生が自らの学びと成長を記録することからはじめなければなりません。こうした記録を残す仕組みを、「ポートフォリオ」と呼びます。

ポートフォリオとは、もともと画家が画商に見せるために自分の作品をファイルしておいたものですが、教育の世界では学びと成長の「証拠」を残しておくものといった意味で用いられます。詳しくは、後述する「学びを深める5つのポイント」でお話ししますが、生徒・学生はポートフォリオに残された自分の経験や活動をふり返り、さらに成長するためのきっかけにしていきます。

高大接続入試改革でも、「ポートフォリオ」の重要性が指摘されていますが、現在のところ「JAPAN e-Portfolio」というシステムだけが先行して内実がともなっていない状態です。高校も大学も日頃からポートフォリオを活用していないのに、入試にだけ使おうとしても意味のあるものになりません。5年くらいかけて、まずは高校・大学の日常の教育で使っていかなければ、本当の意味でいかしていくことはできないでしょう。

最後に、「社会レベル」ですが、こちらもいろいろな指標が出ています。どの指標を参考とするかは、企業・社会の側を含めて大枠のコンセンサスを取る必要があるでしょう。

こうした「学校レベル」「個人レベル」「社会レベル」の評価のフォーマットをいかに作成するかということが大きな課題として残ります。必要なことは、高校・大学・企業・自治体・保護者からなるコンソーシアムのようなものをつくって協議することです。これも、「自分事」としてできるところから進めるしかないでしょう。そうした萌芽は、第5章の共愛学園前橋国際大学や、第6章の日本文理大学の取組みからうかがえますので、おおいに期待したいと思います。

いずれにしても、生徒・学生個々人の学びと成長を評価・育成することを中心にすえることが最重要課題です。なぜならば、困難な時代をタフに生きていかなければならないのは1人ひとりの若者なのですから。

アクティブ・ラーニングの本質とは

◆「教わる」から「学ぶ」へ！

これまで、「変わる評価」について述べてきましたが、「評価」と「育成・教育」は一体のものです。評価が変わるということは、教育が変わるということを意味します。

ところで、教育というと、教員は「知識を伝達すること」、生徒・学生は「知識を習得すること」だと思いがちですが、これは日本が高度経済成長期に採用した「一時的な教育方法」でしかありません。欧米などの先進国に追いつくためには、標準化された知識を効率よく身につけ、そつなく仕事をこなせる人材が必要だったので、この教育手法が採られたのです。

しかし、ちょっと考えてみてください。明治維新の頃はどんな学びが求められたでしょう。この時期は旧来の価値観が崩壊し、何を学べばいいのかはっきりしていなかった時代なので、学ぶことから学んでいたはずです。

グローバル化、少子高齢化、環境問題、経済成長の鈍化からシャッター商店街、限界集落など、今までに体験したことのない「課題」を抱えている現在、これまでのように与えられて意味を覚えるだけの教育では不十分であることは明らかです。あるいは、近隣諸国との軍事的・政治的緊張、経済的な摩擦、文化的な対立など、現代の私たちが抱えている課題はどれも簡単に解決しそうもないことです。

そうした現代にあって、自分と他者がよりよく生きていけるようになるためには、教育の果たす役割も転換しなければならないでしょう。

くしくも、ＯＥＣＤは２０３０年の教育を想定した「ラーニングフレームワーク２０３０」のポジションペーパーの中で、今なにをすべきかを投げかけています。ＯＥＣＤと聞くと「経済」を担うものだと思い込んでいる方が多いのですが、ＰＩＳＡのテストをはじめ、教育への重要なコミットメントも行っています。

今回提唱されていることの中から重要な点をまとめると、３つのポイントに集約されます。

(1) コンピテンシー（Competency）

第2章の【図12】でもお伝えしたとおり、ＯＥＣＤは「キー・コンピテンシー」という考え方を示しましたが、今回もそれをふまえつつ次のようなコンピテンシーを示しています。

①認知やメタ認知スキル　例：批判的思考、創造的思考、学習と自己調整の学習
②社会的および感情的スキル　例：共感、自己効力感および協力
③実用的および物理的スキル　例：新しい情報通信技術デバイスの使用
④態度や価値観　例：モチベーション、信頼、多様性と美徳の尊重

こうしたコンピテンシー（能力）は、ある特定の場面や状況だけで必要なものではなく、異なる場面や状況でも活用できる「移転可能」な能力のことで、本書で説明してきたジェネリックスキルとも重なっています。

(2) エイジェンシー（Agency）

こうしたコンピテンシーはバラバラに存在するわけではなく、それを行使する「人」が持っているものです。そうした行為の主体的なあり方を、ＯＥＣＤは「エイジェンシー」と呼び、次のように説明しています。

エイジェンシーは、世界に参加し、そうすることで、人と出来事、状況によりよい影響を与える責任感を意味します。エイジェンシーは目的を設定し、目標を達成するための行動を特定する能力を要求します。

つまり、課題と到達目標を他者と共有し、それを実現するためにさまざまな能力を活用して課題を解決するために、自分と環境を調整しながら、よりよく生きていくための主体をエイジェンシーと呼んでいるのです。

先ほどまで、生徒・学生個々人の学びと成長が必要だといってきましたが、別のいい方をすれば、生徒・学生が自らエイジェンシーを発揮できるようにするの

が教育の目的であるということになります。生徒・学生が社会に出れば、置かれた状況はみな異なるわけですから、そこで活躍するためには個々人がエイジェンシーを発揮するしかないのです。

ですから、高校や大学では、知識・技能を習得することも大切ですが、生徒・学生が自らエイジェンシーを発揮できるような場面を用意し、そうした経験から学ぶ機会を多くつくることが求められているのです。エイジェンシーという考え方がわかると、いまの教育改革に何が必要なのかも明らかになります。未だに高大接続教育・入試改革に異を唱えている方々の中には、こうした教育の本質的な転換を理解できていない方が少なくないのです。

(3) 学びの羅針盤（Learning Compass）

エイジェンシーを発揮して、生徒・学生が成長するためには、教育に関わる人間がそのことを共通に理解する必要があります。そうした生徒・学生と課題や人々の関係を「学びの羅針盤」とイメージすることができます。生徒・学生が、自分の今の姿を理解し、将来を見据え、他者と協力してよりよく生きていくためには、「学びの羅針盤」は必要不可欠です。大海原を航海する船のように、目的地に向けて自力航行できるよう、学びを自分で確認しつつ進んでいくようになれば、若者は社会を、そして世界をよりよくしていくフリー・エージェント（自分の行為を自らが決定できる人、自由行為者）に成長するでしょう。

◆学びを深める５つのポイント

若者がエイジェンシーを発揮してたくましくなるためには、どのような学び方をすればいいのでしょうか。ここでは高校生と大学生に共通する５つの学びのポイントをごく簡単に挙げてみます。

(1) 主体的に学ぶ

「主体的に学ぶ」というと、自分から進んで勉強する優等生のイメージを持つ方もいるかもしれませんね。ここで問題になるのは、勉強の質、学び方、学ぶ態度にあります。そして最終的には、学んだ知識を「自分のもの」として活用できるようになるかどうかです。そのためには、次のようなことが必要です。

・納得いくまで考える
・疑問を持つ
・とことん調べる
・理解したこと考えたことを図化する
・自分の考えを話す、書く、発表する
・復習は、授業の丸写しではなく、授業で習ったことを自分なりにいい換えて理解する
・教科書のポイントを予習ノートにまとめてから授業に臨む

(2) 対話的に学ぶ

自分の考えたことを伝えるには、話を聞いてくれる人が必要です。自分の考えを他人に説明しようとする過程で、自分の考えの曖昧な点や未熟な点などがわかってくるものです。先生役をすると、自分の理解が深まるといわれていますが、まさにその通りです。

勉強は、先生の説明を1人で聞いて、1人で理解するものだと思っているかもしれません。しかし、自分の考えを仲間に説明してフィードバックをもらったり、自分が思い付かなかった考えを仲間から聞いたりすることで、1人で学ぶ以上に深く学ぶことができるようになります。そこで、次のようなことを心がけてみると学びが深まるでしょう。

・他者に自分の考えをわかってもらうように努力して伝える
・「たとえば〜」「〜の場合」など具体的に説明する
・他者の話を受け止め、相手を理解するように努める
・相手の目を見たり、相づちを打ったりして、傾聴する姿勢を示す
・互いの考えを尊重しつつ、互いの考えを深める
・話を俯瞰して、大切なポイントをみつける

(3) 見通しをもって学ぶ

主体的な学びにもつながることですが、決められた

授業をだらだら受けているだけでは自分事として学びを深めることはできません。今、ここで行われている授業や活動が、その後どのようにつながっていくのか「見通し」をもって学ぶことが大切なのです。見通しには、「将来を見通して」という長いスパンの場合と、「今日、あるいは今週どうするのか」という短いスパンの場合があります。どちらも大切なのですが、長いスパンはキャリア教育などを通して育むことが大切だといえます。ここでは、特に短いスパンについてできることを確認しておきましょう。

- ・どんなことができるようになりたいか考える
- ・学習計画を立てる
- ・自分のスケジュールを自分で管理する
- ・うまくいかないことを想定しておく

(4) 次の学びにつなげるふり返り

自分の学習や経験をふり返り、日々成長をすることはとても大切です。よく世界レベルで活躍しているアスリートが、日々の練習や自分の課題などについてノートに記録している姿が報じられますが、まさにそれを勉強でもやってほしいのです。ふり返りとは、やったことをふり返って「だめだった」とか「よかった」「楽しかった」などと感想を記すことではありません。ふり返りとは、活動や経験の事実を確認することから、次の行動へ自分を高めるための作業です。実りあるふり返りのためには、次のようなことが大切です。

- ・経験した事実を確認する
- ・学んだことや経験したことを改めて捉え直したり、俯瞰して考えたりしてみる。
- ・どうしてそうなったのか、どんな状況だったのか、どんな気持ちになったのかなど、経験に意味づけをする
- ・次に自分がやれるようになるためには、どのようなことが必要か考える
- ・「次は〇〇をしてみよう」と、具体的な行動計画を立てる

こうした経験から学ぶ取組みは「意識していないし、できない」「意識はしているが、できない」「意識すれば、できる」「意識しなくても、できる」という4段階で深まっていきます。ですから、まずは意識することからはじめることが重要です。

(5) 充実した課外活動

(1)～(4)までのことは授業を中心とした勉強について述べたものでしたが、これまでもお伝えしてきた通り、授業以外の活動も学びと成長の重要な機会です。高校生なら部活動や課外活動、大学生ならそれらに加えてアルバイトやインターンシップなどです。課外活動で得た能力を学習にいかすこともできます。まさに、OECDが「転移可能な能力」の呼んでいるところです。その作用をさらに有効化するためにに、課外活動では、次のことに心がけてみましょう。

・自分事として関わる
・仲間の話を傾聴する
・自分の考えをわかりやすく伝える
・ちょっとハードルが高い目標を掲げて頑張る
・困難やジレンマから逃げない

以上の通り、第1章から第3章は大学教育をめぐる現状と課題、進むべき方向性について概略をお伝えしてきました。次の章では、3つの大学がどのような取組みをしているか、具体的に確認をしていきたいと思います。ここまでお伝えした、私の概説とあわせて読んでいただけると、3大学のよさがわかっていただけると思います。

大学事例

第 4 章

ＡＯ入試改革や教員の組織づくりなど
スピーディな大学改革を遂げ
学生の力を総合的に伸ばす
教育プログラムを導入

北陸大学

HOKURIKU UNIVERSITY

教員の組織づくりと入試改革・教育改革により学部改革を実現

大学名：北陸大学
設　立：1975年
学　部：薬学部、医療保健学部、経済経営学部、国際コミュニケーション学部
学生数：約2,300名
所在地：〒920-1180 石川県金沢市太陽が丘1-1
Web site：http://www.hokuriku-u.ac.jp

「学生の成長力No.1へ」を標榜する北陸大学。石川県金沢市に位置し、薬学部、医療保健学部、経済経営学部、国際コミュニケーション学部の4学部4学科体制の総合大学だ。1975年に薬学部の単科大学として開学し、その後文系学部が設立され総合大学に発展した。長らく北陸地域を代表する大学であったが、2000年代以降低迷し、危機に喘いだ時期もあった。

しかし、今、就職率100%を誇り（2016年民間企業就職希望者率）、「THE世界大学ランキング日本版2017」国際性ランキングにおいて10位、他にも各種進学情報雑誌や情報サイトなどに軒並み登場し、入試改革の代表例として必ず紹介されるほど、注目の大学となっている。V字回復の裏には、何があったのか。経済経営学部学部長・教授山本啓一先生に聞いた。

◆一般学生が入ってこない課題山積の学部

1990年代まで北陸大学は、理系は薬学部、文系は法学部と外国語学部から構成され、近隣高校から〝選ばれる〟学部であった。しかし、少子化の影響などにより、全国の地方私立大学と同様に人気が低迷していく。

＊

今回紹介するのは、経済経営学部の改革だ。ほんの3年前まで、長らく低迷を続けた学部だった。前身が未来創造学部という〝キラキラネーム〟の元祖ともい

える学部名ということもあり、何を学べる学部かわからず、一般学生の入学者数は年々減少。地元の高校生や高校の先生、保護者からは、ほとんど注目されない状態にまで至っていた。

◆未来創造学部の創設と低迷

2004年、北陸大学は外国語学部と法学部を改組し、当時としては非常に斬新な名称の未来創造学部が新設された。未来創造学部には、未来文化創造学科（のちに国際教養学科）と未来社会創造学科（のちに国際マネジメント学科）の2学科が設けられ、語学から経営・経済、法律、スポーツなど幅広い学びができることが「売り」だった。

「幅広い教養を身につける」という意味では有効な学部だったが、そもそも「未来創造学」とは何かという疑問に答えることができず、高校生にとっては「何を学べるかわからない、イメージしづらい学部」でもあった。

打開策として講じられたのは、留学生の受け入れとスポーツの強化であった。その結果、未来創造学部国際マネジメント学科は、7年ほど前には、100名の入学定員に対して、3分の1が留学生、3分の1が「スポーツAO」いわゆるスポーツ推薦での入学生、残りの3分の1が一般学生という構成となっていた。

さらに、150名程度が3年次からの編入留学生として加わる。編入留学生は中国のトップクラスの大学から、ダブルディグリー・プログラム（複数の国内外の大学による単位互換制度で、学生に一定期間において学習内容を修了させることで、複数の学位を授与する制度）を利用し、北陸大学で学ぶ。卒業後は、大半が日本の大学院への進学を志望する。編入留学生は、東京大学大学院をはじめとして、日本の大学院への進学実績に大きな成果を出してきた。

しかし、次々と講じた対策により皮肉にも、「この学部の特徴は何か」「この学部では4年間でどんな力が身につくのか」ということを不明瞭にさせてしまった。その結果、一般の日本人の入学者は毎年減少していったのである。

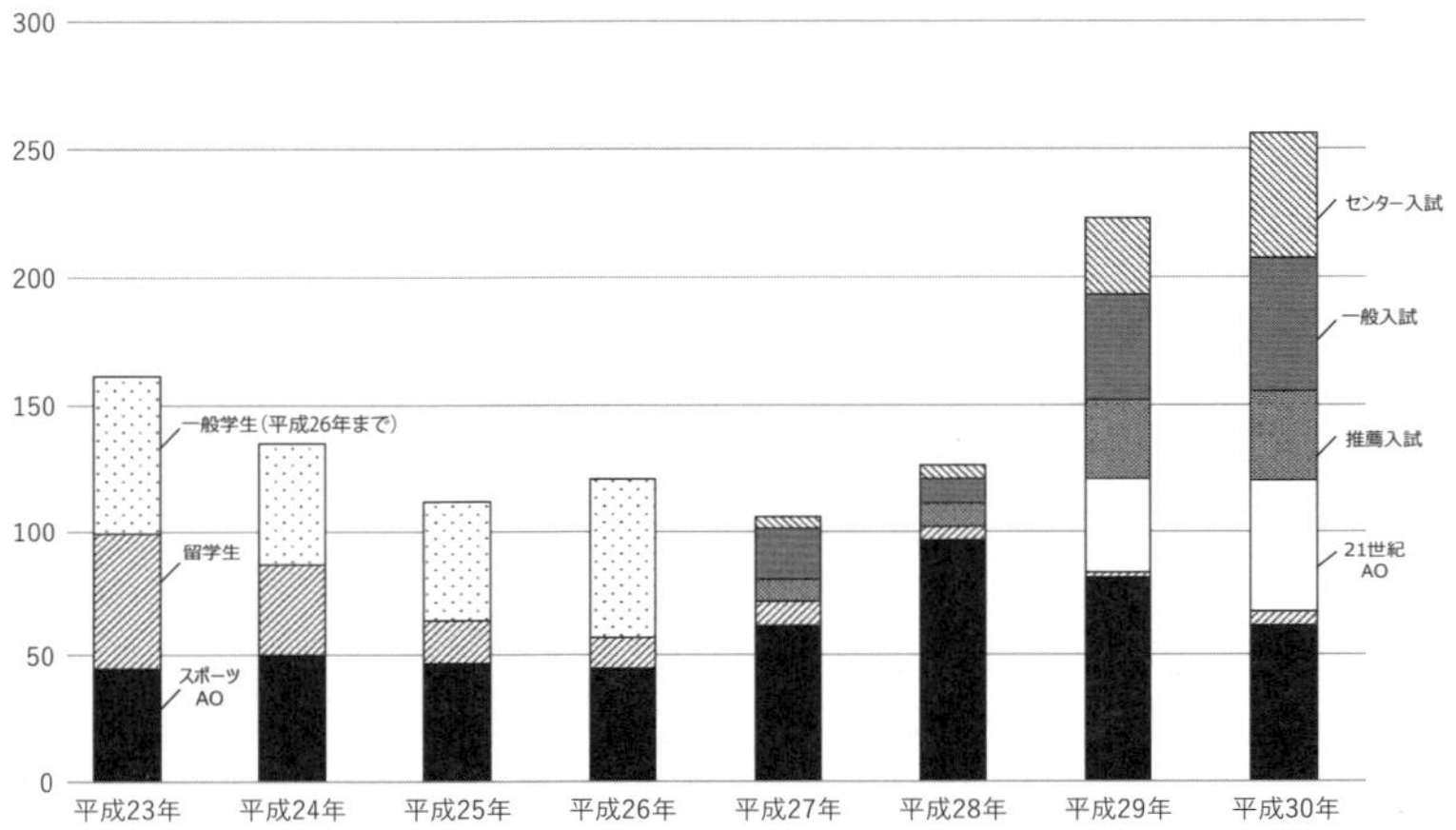

図１　学生の割合の推移

◆教育改革のはじまり

北陸大学はこうした危機から脱すべく、５年前に理事長が代わり、理事長兼学長を中心とした体制がつくられ、新たな方向に舵が切られていった。

「私は４年前に、北陸大学の新しい理事長・学長から、未来創造学部を改組して新しい学部をつくるので学部長になってほしいと声をかけられました。前任校における、初年次教育を軸にした大学改革の成果を聞きつけて、北陸大学の再建を期待されたのです。

話を聞き、自分のこれまでの経験をいかせる可能性がありそうだと感じ、北陸大学に移ることを決めました。まずは正式に移籍する前に、月１回の頻度で北陸大学を訪れ、新学部の戦略立案会議に参加することにしました。着任する前に学部の実情を知り、課題を洗い出す時間をとろうと考えたからです」

ちょうどその時期は、２０１７年度の経済経営学部への改組により、定員を１００名から２００名に増やすことが決定されていた。これまでの実績から、一般学生は容易には集まらないと想定されたため、スポーツＡＯの枠を増やすことで、定員を充足させようとするプランが立てられていたのだ。

山本先生はこの方法に限界を感じていた。スポーツAOの学生で一時的に入学者を増やしても、本質的な課題解決にならないと考えていたからだ。

「決して、スポーツをする学生が入学してくること に問題があるのではありません。部活動に打ち込んできた学生たちは、人を巻き込む力が高く、主体的で行動力がある子が多い。教育次第で、彼らの長所を輝かせることは十分可能です。

しかし、本学にはまだその『教育』の整備がなされていなかった。『知識をもとに考える力』や『社会人基礎力』といった、どんな職業に就いたとしても求められる力（汎用的技能、ジェネリック・スキル）を育成するための科目や取組みが必要でしたが、そういった科目がまったくなかったのです。これでは、学生の力を十分に伸ばせません。

つまり、最も必要なことは、教育改革である。改めて、その思いを強くしました」

◆選ばれる大学となる「7つの改革ステップ」を着実に歩む

ステップ① 学部のコンセプトを明確にする

北陸大学が改革のファーストステップとしたのは、前述のように未来創造学部の改組だった。人気の低迷の原因の1つが学部名称にあったことから、学部名を「経済経営学部」に変えることは、前向きで大きな転換だった。

「ただし、私は学部名だけでなく、カリキュラムにも大きな問題があると思いました。そのため、本当はカリキュラム改革にも着手したかったのですが、改革の方向性も定まらないうちにカリキュラムを変えてもうまくいくはずがありません。そこで、ひとまず今の学部にどんな課題があろうが、まるごと引き受け、徐々に変えていくしかないと腹をくくりました。カリキュラム改革については、3カ年計画で取組むシナリオを考えました」

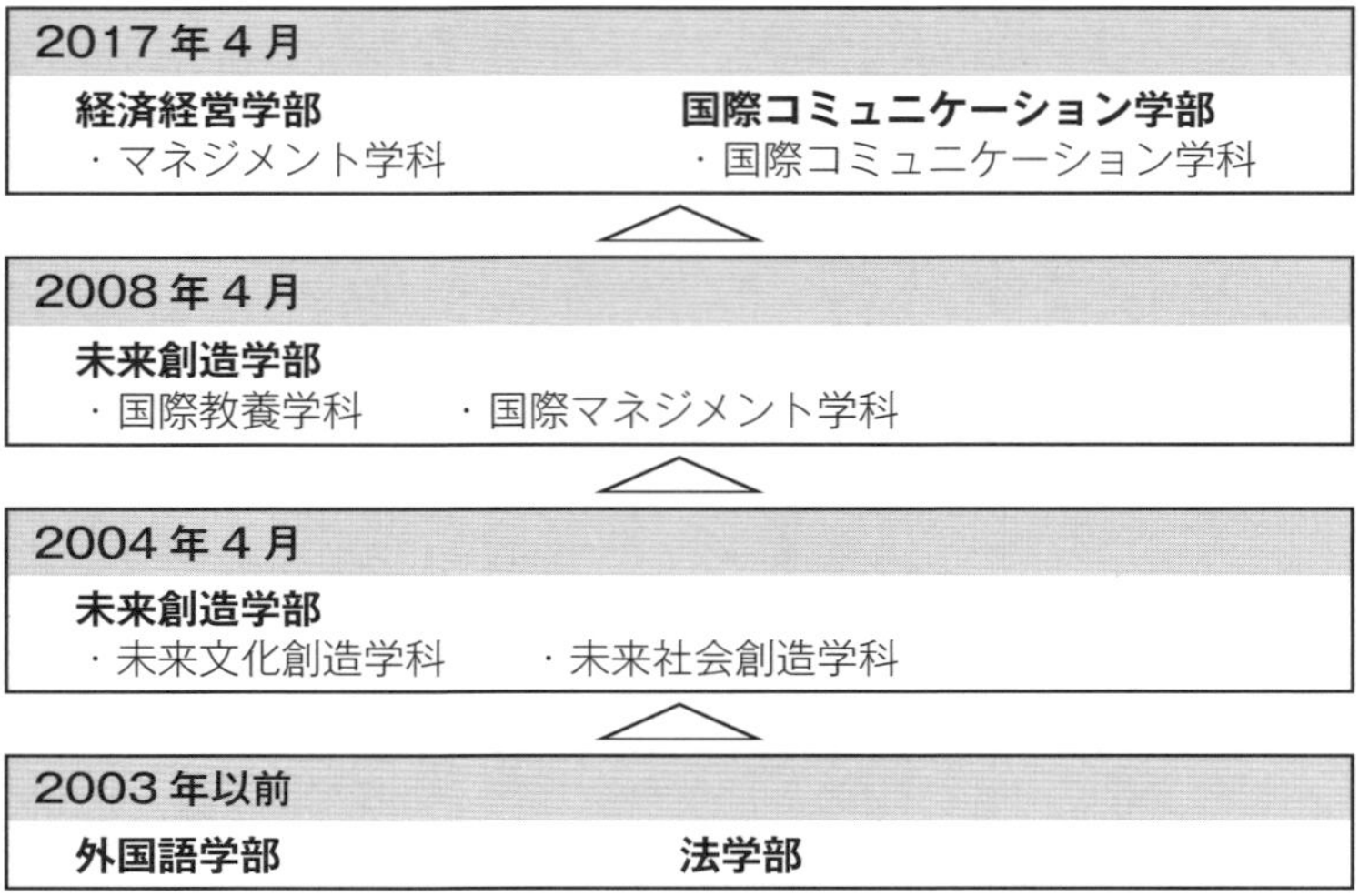

2017年4月	
経済経営学部 ・マネジメント学科	**国際コミュニケーション学部** ・国際コミュニケーション学科

2008年4月
未来創造学部 ・国際教養学科　　・国際マネジメント学科

2004年4月
未来創造学部 ・未来文化創造学科　　・未来社会創造学科

2003年以前	
外国語学部	**法学部**

図２　北陸大学の学部の変遷（一部）

経済経営学部（旧未来創造学部国際マネジメント学科）は、経済学、経営学、法律学、簿記会計、ＩＴ、スポーツマネジメント等の多数の専門分野で構成されていた。専門分野によってコースが設置され、コースごとに履修する科目が異なっていた。また、学部として、統一された目標人材像も事実上存在していなかった。

改革の方向性を探っていくうちに、山本先生は、同学部の授与する学士号が「マネジメント学」である点に着目した。

「経済経営学部の人材養成の目的は、一言でいえば『マネジメント力を持った人材の育成』です。そして、マネジメント力を養うには、経済学・経営学・法律学・会計学・ＩＴの〝どれか〟ではなく〝すべて〟が必要ではないでしょうか。先生たちは、『経済学を理解できなきゃだめ』、『法律学だと、どの分野までやらなきゃだめ』といった、専門分野にこだわった議論をしがちです。たしかに、専門教育は大事です。しかし、どれか１つの専門知識だけを学ぶのであれば他大学の経済学部や法学部に行けばよいのです。マネジメント力の育成となれば、１つの学問分野の知識だけで完結するわけはありません。また、そうした知識を社会でどう発揮するかこそが重要なはずです」

そこで山本先生は、経済経営学部は５分野を横断的に学ばせる学部であるということを打ち出すべく、専門科目群を「社会人の必須５教科」と命名。このコンセプトはそのわかりやすさゆえに、学内のみならず、地域の高校にもあっという間に浸透した。

「もちろん、５分野の知識だけでマネジメント力がつくわけではありません。知識をもとに考える力（『リテラシー』『思考力・判断力・表現力』）と、他者と一緒に課題に取組む際に求められる社会人基礎力（『コンピテンシー』『主体性・多様性・協働性』）も必要です。

これまで高校の先生には、『大学で育成すべき力はジェネリックスキル、つまりリテラシーとコンピテンシーだ』とお伝えしてもなかなか理解してもらえませんでした。しかし、おりしも文科省から高大接続システム改革会議の最終報告書が出たタイミング。学力の３要素である『知識・技能』『思考力・判断力・表現力』『主体性・多様性・協働性』を育成する本学の教育方針が響いたのでした」

※高大接続システム改革会議…平成26年12月の中央教育審議会答申「新しい時代にふさわしい高大接続の実現に向けた高等学校教育、大学教育、大学入学者選抜の一体的改革について」平成27年1月の高大接続改革実行プランにもとづき、高大接続改革の実現に向けた具体的方策について検討するもの。（文科省 Web site より）

ステップ② 課題の洗い出し

続いて行ったのが、学生・教員が抱える課題の洗い出しだ。そこで見えてきた大きな課題は２つあった。

１つめの課題は、退学率の高さだった。一般的に大学の退学者は５％を超えると多いといわれている。北陸大学では編入留学生がほとんど退学しないため、全体としては低い数字が出ていたが、日本人学生だけを抽出してみると、実は高い退学率となっていることがわかった。特に1年次の退学率は、８％を超えているという状況だった。

この原因を山本先生は、「学部で学ぶことの見通し

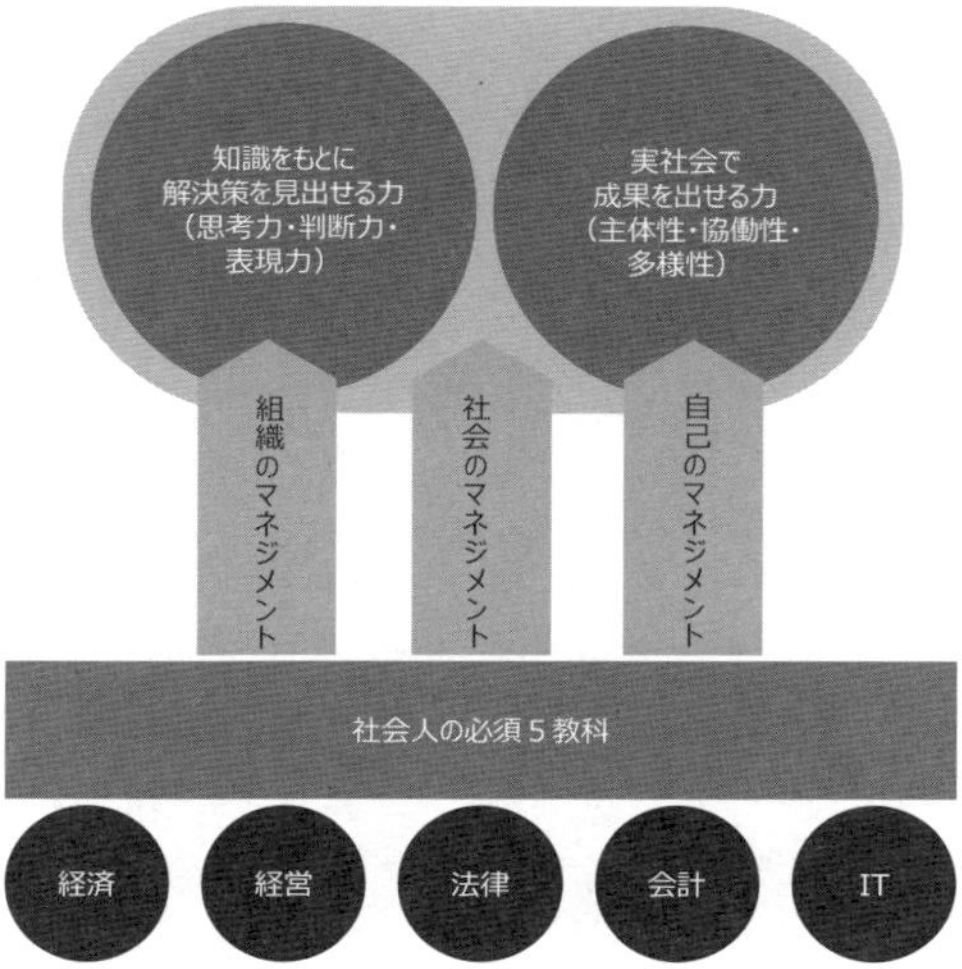

図３　４年間で育成する力（社会で求められる力）

や意味がはっきりしていなかったからではないか」と分析する。しかも当時は、退学率が高いという認識すら持てていなかったのだ。

スポーツＡＯで入学した学生たちの中にも、退学の道を選ぶ者が多かった。怪我や人間関係の問題で退部すると、大学にいる意味を失い、そのまま「退学」の道を選ぶのだ。

大学にとって、入学した学生たちを卒業まで育てられないことは大きな損失である。学生たちの人生に責任を負えないだけではなく、信頼して大学に任せてくれた高校側の評判も下げる結果となる。

２つめの課題は、組織的な取組みが行われておらず、「担任による手厚いパーソナル支援」ばかりに注力していたことだ。担任による個々の学生へのこまやかなサポートにより、学生の満足度を上げようと考えていたのだ。教員には、授業の負担だけでなく、個別支援の担任業務ものしかかっていた。

現在、多くの大学が学生への手厚いパーソナル支援に力を入れている。保護者との連絡や、出席が足りない学生への日々の連絡、定期的な面談など、少し前の大学では考えられなかった業務が発生している。北陸大学も同様に、学生が辞めないよう、あるいは、大学の学びについていけるよう担任がサポートをしていた。

「私が赴任した時、先生方は授業に加えて、それ以外の正課外活動にも追われる日々を送っていました。学生指導だけでなく、入学前教育やフレッシュマンセミナー、保護者懇談会、学生との面談など、毎日めまぐるしく働いていました。

時に、『大学が低迷している』というと、教員が教育に手を抜いていたんじゃないかと思われることがあります。しかし、北陸大学ではそんなことはなかった。ただ、やっていることがそれぞれバラバラでした。さらに、いつの間にか当初の計画にないことがどんどん加わっていき、結局、その場しのぎの取組みばかりたくさん行うこととなる。授業の質の向上は二の次となり、成果につながりにくい正課外のイベントばかり肥大化していているような状態でした。そんな中で、みんな闇雲に働いていていて、疲れきっていたのです」

学生をサポートしていくことはたしかに必要だが、教員がそこに追われて本丸の授業に力を割けなくていいのか、山本先生はそんなふうに感じていた。

ステップ③　教員の協働体制のもとで学生の力が伸びる初年次教育の導入

山本先生は、前任校から職員２名と共に「チーム」として２０１６年度に北陸大学に着任した。

「実のところ、着任の１年前に改革のシナリオはほぼ完成しており、何をやればよいかは自分の中で見えていました。問題はそれをどう実行するのか、また実行に何年かかるのかということです。『４、５年はかかるよ』といわれることも少なくありませんでした」

その年の未来創造学部国際マネジメント学科の入学者は、スポーツ推薦の学生が96名、一般学生が24名、留学生が６名という編成だった。地元の金沢市や石川県から進学する一般の学生がほとんどいないという状況にまで追い込まれていたのだ。

では、こうした状況を改革するために、実際にどのような手を打っていったのだろうか。

・初年次ゼミ（基礎ゼミナール）の改革

「大きな問題は、入学した学生の力を段階的に伸ばす教育プログラムがなかったことです。それと、教員同士のコミュニケーションも不足していました。全体的に風通しが悪い組織となっていたんです」と、山本先生は当時の印象をふり返る。

「学生への教育をどうしていくかについて、先生方が協働して考える体制をつくらなければいけない」、この思いが次なるアクションにつながった。まず実行したのは、初年次ゼミの方法を変えることだった。

「前任校のプログラムを移植して、初年次ゼミの内容を変えることにしました。学生たちが情報を収集、分析して、そこから課題を発見し、自分たちの意見や課題の解決策を構想し、表現する、最後には、学年全体でプレゼンテーション大会を行うというプログラムです。知識をもとに解決策を考える力、つまりリテラシーを磨くのが本プログラムの狙いでした」

・キャリア科目の改革

同時に、これまで実施されていた『ライフプランニング論』というキャリア科目（新カリキュラムでは、『キャリア・デザインⅠ』）を、ゼミの時間とつなげ、ゼミ担当の教員が2コマ連続で担当するようにした。

多くの大学では、ゼミや専門科目とキャリア科目が分断されてしまいがちだ。「ゼミ担当教員こそキャリア教育を担うべき、というのが私の考えです。だから、ゼミとキャリア科目をつなげたのです」

ただし、そうするためには、一工夫が必要だった。ゼミは90分30回の通年科目であるが、キャリア科目は90分15回の半期科目だ。単位数も実施期間も異なる。そこで、キャリア科目を1回45分とし、30回実施に改めて、ゼミの回数と揃えた（授業時間は、合計１３５分になる）。これにより、ゼミとキャリア科目をあわせて年間を通じて実施できるようになったのだ。

「キャリア教育の授業を持ったことがない先生に、『キャリア教育もやってくれ』といっても最初は理解されませんでした。そこで、『キャリア教育とは、学生に対して就活のスキルを教えることではなく、学生自身が将来の見通しをたてるために、まずは自分の歩んできた歴史を見つめる機会をつくることであり、そのためには、教員が学生の歴史に耳を傾けることからはじめましょう』と伝えました。すると、『それならばできそうだ』と合意が取れたのです」

・SA制度の導入

基礎ゼミを学生の居場所づくりとするために導入した3つめの施策が、「SA（スチューデントアシスタント）制度」だ。SAは新入生全員が集うフレッシュマンセミナーで仲間づくりのためのアドベンチャープログラムのファシリテーションを担ったり、基礎ゼミナールのアシスタントをしたりと活躍する。キャリア科目において、後輩の発表を仕切り、サポートするのも彼らの役割だ。

「前任校の経験から、SAに向いている学生は、『教員に従順でまじめな学生ではなく、最初は教員につっかかってくるくらいの気骨のある子』だということがわかっていました。しかし、北陸大学ではそういう学生はあまり評価されていませんでした。そのため、ロールモデル（理想的な学生像）の転換が必要だと感じました」

SAの素養がある学生に山本先生は声をかけて回った。しかし、学生たちはSAのイメージがつかずに戸惑っていた。そこで、山本先生が前任校の学生を金沢まで呼び、研修を行った。

「SA制度があることで、後輩は相談できる先輩を持つことができます。また、SA同士もよい仲間となる。学内に仲間という居場所をつくれば、大学を辞めたいという気持ちは湧きません。さらに、SAの活動を通じて、統率力や主体性などコンピテンシーを伸ばしていくことができるのです」

ステップ④ 学生同士の理解を深め、パーソナル支援を超えた教員組織をつくるキャリア教育

「キャリア科目では、各学生が順番に、10分間でこれまでの自身の経験をふり返って語ってもらいます。いわゆるリフレクション（内省）をさせるのです。これを我々は『10分間スピーチ』と呼んでいます。コン

ピテンシー（主体性・多様性・協働性）を伸ばすためには、経験から学ぶ力が不可欠です。そして、経験から学ぶ力は、経験を言語化することで培われます。社会で自律的に生きる力を伸ばしていくためには、学生時代に自己の経験をふり返り、それを言葉にする習慣をつけていくことが絶対的に重要なのです。

そして、教員にとっては、このリフレクションの時間は面談よりもはるかに学生のパーソナリティを知る機会となります。たとえば、スポーツに打ち込んでいる学生たちは、仲間や指導者との出会い、両親の支援、成長、挫折、失敗の乗り越え方など、濃密なストーリーをたくさん持っています。学生がこうした自分のバックグラウンドを語り、それを教員や他の学生が知ることは、キャリア教育という意味をこえた大切な時間といえるのです」

45分間のキャリア科目が終わると、教員たちのミーティングの時間となる。ここは授業の進捗状況や受け持っている学生たちのことを話し合う場だ。学生対応は、これまで担任一人の責任とされてきた。心配な学生がいても、対処するのは担任だけ。これは教員たちにとって、かなりのプレッシャーとなっていた。

この状況を打開するために、「学生の問題をみんなで解決していく場」が必要だと山本先生は考えていた。

教員間で情報が共有されていくと、学生と教員の関係は1対1ではなく、1対多となる。発達障がいの学生への対応など、一人で抱えるには負担の大きいテーマも教員同士で相談し、情報を共有しながら支援の方向性を定めることができる。協働する文化が生まれることで、教員の心理的な負担が軽減していったのだ。

この新たな施策に、教員たちはどのような反応を示したのだろうか？

「当時、先生方はこの取組みに対して懐疑的でした。また新しいことをさせられるのか、という感覚を持ったようです。これまでたくさんの施策を打ってきたけれど、何1つうまくいっていないじゃないかという思いが強かったのでしょうね」と、山本先生は当時をふり返る。

しかし、教員同士のミーティングの回を重ねるうちに、口が重かった教員たちが少しずつ変わっていった。「勉強ができないと思っていた学生が、実はたくさんの経験を積んできていたということがわかった」「あの子は、思いがけずスピーチが抜群にうまかった」など、学生に対する発見の声が挙がるようになったのだ。

山本先生はこの取組みの狙いを、「学生のことを思わない教員はいません。違うのは、アプローチの仕方。であれば、それぞれの情報を共有し、悩みを分かち合うことで、心理的負担を軽減しながら最適なアプローチの方法を見つけていけるはずだと思いました」と語る。

その後も、新しい取組みを導入する際に、難色を示されることもあった。しかし、反対意見をいう教員でも、「この人ならば」と思った教員には、チームに加わってもらったという。

「共通のプログラムを、まずは一緒にやってみることが重要なんです。成果が出る体験や、教員同士で協働する楽しさを経験すると、考え方が違っていても最終的に納得して受け入れてくれる。言葉で説得するよりも、まずは一緒にやってみて、その結果で判断してもらう。それが、実際に改革を進めていく際に必要な方法だと私は考えています」

1年次のキャリア科目は、学生にもよい影響をもたらした。

「1年生で高校時代に頑張ってきたことを語り合うことで、自分と違う他者を受け入れていくことができます。特に、一般学生とスポーツＡＯで入学した学生など、これまで触れ合うことが少なかった学生同士が知り合い、相手を尊重するようになる。これは、大学の居場所づくりにつながります」

この居場所づくりの効果はすぐに出た。その年度の初年次退学率が、半分以下となったのだ。経営陣から退学率が減った理由を問われ、「担任制への依存を弱めたからです」と山本先生は回答したという。

自分自身のライフヒストリーを発表する機会は、２年次以降も引き継がれていく。２年生では、１年次に頑張ったことやアルバイトで成長したことなどをスピーチする。これを積み重ねていけば、人前で話すことへの抵抗感がなくなっていく。そこまで成長できれば、就活直前講座の面接対策などは不要になる。

「昔の大学には、『アフターゼミ』と呼ばれる『飲み会』がありました。そこで、自分はどんな経験をして、どんな思いを抱いているのかを、教員や仲間たちに吐露していました。アフターゼミは実は自己を成長させるためのリフレクションの場だったのです。しかし、今は学生の状況がまったく異なるため、アフターゼミ自体が難しい。だから、その要素を授業に組み込むことにしたのです」

ゼミのあとに続けて45分のキャリア科目を行い、その後の45分を教員間のミーティングに費やす。この仕組みには、大きく3つの効果が見出せる。

（1）学生自身のふり返りを聞くことで、他の学生や教員がその学生のパーソナリティやバックグラウンドを理解することができる。
（2）学生が自分自身の経験をふり返ることで、学生自身の成長を促すことができる。
（3）45分間の教員間のミーティングにより、教員のコミュニケーションが円滑となり、学生に対して何が必要か前向きな議論ができるようになった。

「大学の授業は90分間で行うものだ」「キャリア科目は就活のための科目で一般の教員は担当できない」という従来常識とされてきたことを手放すことで、効果の高い取組みが実施できる。しかも、カリキュラムを変える大掛かりな変更は必要ない。これは、他大学でも導入しやすい施策なのではないだろうか。

ステップ⑤ リテラシーを育成する文章表現科目の導入

次に、山本先生が気になったのが、「学生がきちんとした文章を書く訓練を受けていない」ということだった。原稿用紙の使い方を間違えていたり、文法的なミスが多かったりする学生は少なからずいる。困ったことに、そういう問題が顕在化するのは就活のときだ。そこで、学生の文章力を伸ばすための「文章表現科目」を設置した。

「アメリカの大学では、入学後まっさきに履修する科目は“Writing”です。しかし、日本の大学生は、高校でレポートを書いた経験がほとんどない。しかも、多くの文系の私立大学は、入試で論述問題や小論文を課していない。高校時代にまともに文章を書いた経験がない学生が多いのであれば、大学で文章を書くための授業を設けるのは必須でしょう。

また、文章力とはいわゆる『国語力』とは少し違うと考えています。漢字や語彙を多く知っていればいいという話ではない。インプットと深く考えるプロセスがなければ、質の高いアウトプットも期待できないはずです。だから、文章表現とは、資料を読みこなし、そこから課題を発見し、自分の意見を構想し表現するという一連のプロセスのことであり、それこそ日本語リテラシーのことです。だから、文章表現科目のねらいは、基礎ゼミナールとほぼ同じなのです」

「文章表現科目」は、ゼミと同じように極めてユニークな実施方法をとる。

「1コマ90分という短時間で資料読解から文章作成までをすべてを網羅できるわけがない。だから、1コマごとに完結する授業ではなく、3コマを1サイクルとして、3週間で1つのテーマで文章を書かせるように設計しています。

1週目は、課題を与えて3種類の文章を読ませます。2週目は、1週目とは別の角度からの資料を3種類ほど読ませます。単に個人作業として資料を読むだけでは単調になるので、ジグソー学習法（※）というグループワークの手法を取り入れています。3人1グループにして資料を分担させ、1種類を徹底的に読解。その後、グループでお互いに説明させます。

そして、いよいよ3週目で文章のアウトラインを構想するのです。アウトラインができたら、ルーブリックで示されている評価基準に達しているかを相互にチェックしたり、下書きを互いに推敲したりします。要するに、文章を書くときも個人作業ではなくグループでのアクティブな学び方をとっているのです」

初年度は、山本先生の前任校の教材を使った。すでに教材があったためか、教員たちは戸惑うことなく授業を進行することができた。しかも、途中から「学生の文章力がみるみる向上していくのが手に取るようにわかる」と喜びの声が聞こえるようになった。

※ジグソー学習法…複数の資料や、1つの長い文章を複数のパートに切るなどして、それぞれを1人ずつが受け持って学習する。それを持ち寄り、互いに自分が学んだ部分を紹介しあい、ジグソーパズルを解くように協力し合って全体像を浮かび上がらせる学習手法。

ステップ⑥　社会で伸びる学生を募集する「コンピテンシー入試」の導入

次に取組んだのは、入学者増大を視野に入れた入試改革である。ちょうど高大接続改革を進めるために入試改革が迫られた時期だった。知識一辺倒の入試から、社会で求められる力も入試で評価することが必要となる。そこで改革の検討の対象としたのが、AO入試だった。

多くの大学でAO入試は、エントリーシートや面接だけで選抜されてきた。そのほとんどが単なる入学者の青田買いで、いわゆる〝学力不問〟入試の代表格とされることも少なくなかった。北陸大学でも同様の状況があり、その上、たった5人しか受験生がいない年もあった。

「ちょうど、文科省から大学入試改革の方針として『学力の3要素』に基づいた選抜をするようにという提言が出された頃でした。そこで、思い切って社会に求められる主体性・多様性・協働性を評価するコンピテンシー入試を導入することとしたのです」

主体性・多様性・協働性とは、「課題解決に対して主体性を持って多様な人々と協働で取組む」ことを指す。これは、社会人基礎力の定義である「職場や地域社会で多様な人々と仕事をしていくために必要な基礎的な力」とほぼ同じ意味といえる。しかし、そんな力を測る入試とはいったいどのようなものなのだろうか。

「一般的に教科学力の測定に比べ、『コンピテンシーを測ることは難しい』といわれていますが、評価方法がないわけではありません。たとえば、多くの学校や企業で使われているチームづくりのための『アドベンチャープログラム』は、『課題に対して主体性を持って多様な人々と協働で取組む』体験です。つまり、コンピテンシーを育成するものといえます。であれば、このプログラムで参加者のコンピテンシーを評価できるはずです」

アドベンチャープログラムとは、主にアメリカで誕生した野外型体験プログラムのことだ。相互に信頼関係を構築しながら、独自の道具や施設の中で、「気付いて学ぶ」環境をつくり出す。日本では学校や企業、スポーツチームなど幅広い分野で取り入れられている手法だ。

「グループで課題解決に取組むアクティビティを行い、その中で発揮できた力を、観察評価や自己評価など、いくつかの方法を組み合わせることで総合的に評価します。アクティビティとは、たとえば、『大きなシーソーの上に15人全員で乗ってバランスをとるにはどうしたらいいか』といった課題です。

入試では、受験生が協力して課題を解決するということになります。受験生たちは、『他の学生はライバルだ』と思っていますから、協力する必要がある課題を聞いて面喰らいます。課題解決の中で、仲間をつくる力があるか、リーダーとなれるか、他者を巻き込めるか、うまくいかない時でも諦めずに頑張れるか、そうした能力を測るのです」

コンピテンシー入試の狙いをまとめると大きく３つになる。

スキル	評価基準	概　　要
対人スキル	**親和力**	メンバー全員が気軽に話しあい、相談できる雰囲気を作ることに貢献できた。メンバーの失敗を責めず、努力を褒めることができる。
	統率力	さまざまな意見が出た時に、すべての意見にきちんと耳を傾けつつ、全員が納得する解決策を提案できる。
対自己スキル	**主体性 積極性**	自分がどこまで挑戦し、チームに何を貢献するかを自分で決め、それを積極的に実行することができる。
	感情制御力	自分自身の感情をコントロールできた。思い通りにならないことがあっても直接的にぶつけることなく、効果的に伝えられる。
対課題スキル	**計画立案力**	目標を実現するための有効な計画を具体的に立案し、提案できる。

図4　コンピテンシー入試の評価基準

(1) 学部特性に沿ったコンピテンシーの高い学生を集め、入学後もコンピテンシーを伸ばしていく取組みを実施し、学部の特色を代表する役割を担ってもらう。
(2) コンピテンシーを自己評価しつつ伸ばしていくことが、教育の1つだという理解を学部全体に広げる。
(3) コンピテンシー育成を高大接続の1つの軸に据えて、受験が教育プログラムのスタートだと打ち出すとともに、経済経営学部の際立った特徴を高校に知ってもらう。

コンピテンシーは、テストではもちろん、短期間の面接やエントリーシートでは測れない。コンピテンシー入試で実施するアドベンチャープログラムでは丸一日という時間を確保し、受験生10名ほどに対して教員と職員のペアが評価者となり、受験生を見守るという体制をとっている。また、評価者はあらかじめアドベンチャープログラムの研修を受け、どのようなプログラムなのか、またその過程でどのようなことが起こ

写真　コンピテンシー入試の様子

りうるのかを自ら経験している。

しかし、この入試は、評価者の観察によってのみ合否が決するわけではない。

「観察対象の受験生が多ければ、一人ひとりが活動中に発揮しているスキルを評価者がすべて見ることはできません。また、評価者の評価がすべてとなると、受験生は評価者の見えるところで演技をはじめるようになるでしょう。だからコンピテンシーの評価は、自分と向き合うこと、つまりふり返りと自己評価に重きを置くべきなのです」

そのため、受験生にもプログラム終了後に、ルーブリックに基づいて自己評価させるとともに、じっくりとふり返って文章化させている。

「自己評価こそが、この入試での大事なポイントです。自分をふり返り、立ち位置を理解して、次にどうするかを考えることが重要なのです。経験から学び自分で自分を高められる、それこそが主体性です。コンピテンシー入試は、教育プログラムの中で評価をしていく『育成のためのプログラム』といえます。私たちは、大学に入ってからも伸びていく学生に育てるために評価をしているのです」

なお、入試結果を分析すると、観察評価と自己評価は概ね相関することが判明した。相関するということは、つまり自己評価は信頼に値するということだ。

「真剣に活動に取組んだら、ふり返りも自己評価も真剣に臨みます。評価基準がしっかりしていて、自己評価に至るまでのプロセスがきちんと設計されていたら、高校生でも自分のコンピテンシーをきちんと自己評価できるのだとわかったことは大きな成果です」

この入試方法は、多くの受験雑誌に取り上げられるなど、大学業界で大きな話題となった。「主体性・多様性・協働性なんて評価しようがない」と思われていた中で、まったく新しいモデルが提示されたからだ。

自分のふり返りや自己評価を重視する活動は、大学に入ってからも続く。たとえば、学期末に行う授業評価アンケートは、これまでは学生の満足度や教員の授業技術を尋ねるものだったが、学生自身が授業の到達目標に対して、どれくらい達成できたのかを自己評価するシートに変更された。

ステップ⑦ 教員の疲弊を解消し、授業に集中できる環境とルールを整備

多くの大学が、学生募集や教育改革の中で新たな取組みを導入している。しかし、その中で課題になるのが、これまでの業務に新たな取組みが「プラスオン」されてしまうこと。

「先生方の負担を増やしていくだけでは、継続的な改革はできません。大学の教員の本分は授業と研究。この2つに支障が出るほどパーソナル支援をしているのはやはりいびつな形だといわざるを得ません」

キャリア科目と教員間のミーティングの導入は、「教員の負荷を減らす」という目的を持って行い、結果的に業務を増加せずに実行できた。

しかし、それでもまだ教員には過剰な負担がのしかかっていた。そこで、さらに教員の業務のスリム化も図っていった。

たとえば、年に1回作成していた「保護者連絡票」を見直した。これまでは、A4 1枚を担任の教員がすべて記入することとしていた。1ゼミ20名として、3学年のゼミを持っている教員は合計60枚を作成しなければならない。保護者への説明は大事だが、担任一人に任せてしまうやり方には大きな問題があった。そこで、大半の部分を、学部が目指す方向性や学部長のメッセージ、就職状況や前年度の成績分布など共通のコンテンツで割き、担任の教員は数行を書くだけとした。結果的に保護者に伝える内容の質は大幅に向上したうえ、個々の教員の省力化が果たされた。

さらには、入学前教育には2泊3日の合宿を行っていたが、それも廃止。入学後に実施するフレッシュマン・セミナー（新入生研修）には、前述のSA（スチュー

デントアシスタント）制度を導入し、学生が学生を支援するという形を構築した。

「北陸大学に限らず、多くの大学が良かれと思って正課外活動やパーソナル支援を増やしていきがちですが、実はそれはカリキュラムや授業に自信がないことの裏返しのことが多い。

教育改革とは、まず正課授業の質向上が最優先となるはず。過去の経緯がどうあれ、正課外のイベントについては、本当にそれが必要かどうかを精査し、選択と集中をすべきです。そうしなければ、教員の負担だけが増え、結局全体の質が低下していくのです」

続いて、山本先生が着手したのは、履修規程の再整備だ。履修規程とは、履修登録のルールや成績評価の方法、他大学や留学などの単位の読み替えの原則、定期試験の実施方法、単位認定や進級基準の原則といった、授業や卒業に関わる大学ごとに規定されている重要なルールである。

「履修は、学生の進級や卒業がかかる重大な事項です。そのためにも、履修のルールや手続きは厳格すぎるほど厳格でなければいけない。その点では、『ただし、～の場合は』という例外表現が多い規程には問題があります。それは、『学生のため』や『学生が困っているので』という個別の理由でどんどん例外が増えていった結果であることが多いのです。

北陸大学の履修規程には、この例外表現が多かった。教務事項で例外が増えると、その都度判断が必要となり、結果として教職員の業務が増加し効率化が図れません。学生からも、一貫性がないという不満が出てくる。一緒に異動した職員からも、全学的な教務委員会を設立して全学レベルで履修規程をつくり直した方がよいと提案されました」

こうして、学びの土台となる履修規程の再整備は大学改革を進める上で急務とされた。

「ちょうど、2学部から4学部に移行するというタイミングに、履修規程の全学共通化を掲げて、特例を落としてシンプルにしたり、これまでなかった災害時の対応規程を盛り込んだりしました」

履修規程の一本化については、4学部の教務担当教職員たちが半年かけて話し合いを続けていった。その

ステップ	課　題	施　策
1	高校生・高校教員に、学部のよさや何を学ぶ学部なのかが伝わらない	（大方針の決定） 学部コンセプトの明確化
2	退学率の高さ 担任への責任一極集中 肥大化する正課外活動	（課題の把握） 解決すべき課題を洗い出す
3	組織的な教育体制がない	（解決策 1） 基礎ゼミナールを変える キャリア科目とゼミを連動させるSA制度を導入する
4	担任への責任一極集中	（解決策 2） ゼミ後に教員間で打ち合わせを行い、学生情報を共有
5	学生の文章力が低い	（解決策 3） リテラシーを育成する日本語表現科目の導入
6	コンピテンシーが高い受験生を見極める方法がない	（解決策 4） 社会で伸びる学生を募集する「コンピテンシー入試」の導入
7	非効率な業務による教員の疲弊	（解決策 5） 教員の業務の効率化 履修規程の改正

図5　課題とその解決に向けたステップ

過程で、担当者たちにも変化が見られたという。

「『この場合はどうするか』、『他大学はどうしているか』と議論を繰り返していくうちに、担当教職員が、学部を超えて和気あいあいと学び合う雰囲気になっていったのだ。自分たちが教育の基礎となるルールの再構築に携わっているという自負や当事者意識ができてきたのかもしれません。大変な作業でしたが、手がけてよかったと思います」

◆後戻りしない「イズム」にもとづく改革を進める

「大学改革はまだまだ途中。現段階では2割くらいかな」、山本先生はそう語る。これからは、学部の戦略を固め、カリキュラムを再構成し、教職員だけでなく学生も含めた学部の協働体制をさらに進め、その結果として、教育の成果をさらに向上させていくというビジョンがある。

今後改革を進める中で、特に重視していきたいポイントは、2つあるという。

（１）強い、後に戻らない（不可逆的な）仕組みとする

大学では、責任者が代わった瞬間に改革がもとに戻ってしまうことがよくある。後戻りしないようにするためには、「大学の制度や文化にしていく」という視点が欠かせない。たとえば、「学生がＳＡを引き継いでいくことを学生自身が誇りに思い、学生自身が伝統として考えるような大学の空気をつくっていくこと」などを重視していく。制度が、文化として定着していくことが理想だ。

（２）個々の教職員が「イズム」を継承していく

個々の教職員が大学をよくしていくために考え、実行していく「イズム」の継承ができるようにしたいと山本先生は語る。特に、授業の設計・教材・進行案を教員が協働でつくり込んでいく北陸大学特有の授業改善の仕組みが定着すれば、確固たる形ができるはずである。これを実現するためには、教員がお互いの力を理解しながら自発的に動く構造をつくっていくことが必要だ。

そして、山本先生は自分自身の挑戦としてこう続けた。

「これまでは、前任校の九州国際大学で開発してきた教育プログラムを、どう北陸大学に落とし込めるか考えてきました。この２年半でそれはほぼ完了したと思います。初年次科目の改革も、ＳＡ制度も、科目数を半減させるカリキュラムも、前任校の何倍もの速さで実現できました。これは、同僚たちと学生に恵まれていたからこそだと思います。

入試改革は教育改革と連動しながら導入することで、大きなインパクトを与えられたと思います。オープンキャンパスや入学前教育の仕組みも非常によいものになってきており、ＦＤ（Faculty Development 教員の研修などを指す）のレベルも高まっている。今後は、前任校でも手がけてこなかった新しい取組みに進みます。少し専門的になりますが、アセスメント（学修評価、プログラム評価等）をきちんと組み込んだ本格的なカリキュラム・マネジメント体制をつくりたいと考えています」

他にも、まだまだ「こうしたい」という思いは山のようにあると山本先生は語る。本書で紹介する共愛学園前橋国際大学（P137）や日本文理大学（P173）のような地域連携も目指す形の1つだという。

「北陸大学経済経営学部の教育プログラムは、決して特別なものではありません。『どの大学でもすでにやっていること』と、『どの大学でもできること』を少し工夫しているだけです。工夫のポイントとは、人間関係と文化の構築です。大事なことは、教員同士がフラットな関係で自由にものがいえる雰囲気をつくることと、あらゆる学生に成長可能性があると本気で信じる教員の職業倫理を徹底させることです。

そのためには、学部長が傘になって教員たちを守り、教育改革に専念できる環境をつくることも重要ですね。〝強い学部長〟の存在が大学改革を成功させる1つの鍵ともいえるでしょう。

今後も、常に半歩先に進んだ教育改革を手がけていきたいと思います。それが他大学の刺激にもなり、日本全体の教育を底上げしていくことにつながると思っています」

北陸大学の改革はこれからも続く。今後、どのような学生達が羽ばたいていくのか。その躍進から目が離せない。

教職員インタビュー

スピーディで多様な改革を進める教職員チームの姿とは？

北陸大学は、この3年ほどの間に激変した大学だ。それは、教職員が一体化し、多様な改革をスピーディに進めてきたからに他ならない。実際のところ、バラバラだった教職員がどのようにチームとなり、新たな取組みを矢継ぎ早に繰り出すことができたのか。６名の教職員に、これまでの歩みをふり返っていただいた。

【教職員プロフィール】
・学部長　山本啓一先生（赴任３年目。九州国際大学から移籍）
・教務委員長　胡光輝先生（赴任８年目）
・教務部長　東風安生先生（赴任３年目）
・鈴木大助先生（赴任６年目）
・島義博先生（赴任４年目）
・教務課　課長　江口美保氏（赴任３年目。九州国際大学から異動）

懸命になりながらもまとまらない組織

―経済経営学部設置から、さまざまな改革について話し合いを重ねてきた教職員メンバーにお集まりいただきました。２０１６年から本格的にはじまった北陸大学の変革ですが、それ以前はどのような大学だったのでしょうか？

胡　北陸大学は、以前から初年次教育やアクティブラーニングなどさまざまな改革に取組んできました。以前も、「大学を良くしたい」と多くの教職員が考え、頑張ってはいました。しかし、組織的にカリキュラムの改革を行いマネジメントする専門家もいなければ、リーダーシップを発揮できる人もいませんでした。旧来型の大学組織から抜け出すことができなかったのです。山本先生が来たことで、科目の削減なども含めた思い切った改革ができるようになりました。

鈴木 以前のカリキュラムは、「この先生の専門だから、この科目を置こう」と教員ベースで科目が配置され、全体としてまとまりに欠けている側面があったように思います。2017年以降、本格的にはじまったカリキュラム改革の議論では、3つのポリシーを軸に、必要な科目は何かを精査していきました。

2019年度から導入される新しいカリキュラムでは、学生たちも、多少の履修の差があったとしても同じ学びの方向に向かっていけるようになり、成長の道筋が見えやすくなったと思います。

胡 北陸大学だけでなく、地方の私立大学は定員割れへの危機意識を持っています。しかし、現状を打破しなければいけないと思いながらも、どう変えていいかわからない大学が多いのではないでしょうか。

私たちが定員を満たせなかった要因の1つは、「未来創造学部」という名称がわかりにくかったこと。オープンキャンパスのたびに、「何をする学部ですか?」と尋ねられましたから。

鈴木 正直な話、私は「学生数をどう増やすか」という視点をあまり持てていませんでした。赴任時は、情報系の科目が少なかったので、「情報系の科目をどう充実させるか」ということに心を砕いていたのです。ふり返ると、学部全体のことは今よりも見えていなかったように思います。

江口 3年前に赴任した時、事務局と学部の先生方が協働する雰囲気はなかったので、率直にいって「これは大変だな」と思いました。既存のカリキュラムは教員主導で策定されたようで、結果、学部の方針がわかりづらいものとなっていました。「これでは、学生は理解できないだろう」という印象を持ちました。

教員の組織づくりを促し、大学の軸を定める

——危機的な状態をどう打破していったのでしょうか?

胡　２０１７年、未来創造学部の改組により、未来創造学部国際マネジメント学科を経済経営学部マネジメント学科に名称変更し、山本先生が学部長に就任することになりました。山本先生の得意とする初年次教育やチームティーチングの実施、ＦＤ研修会の開催、カリキュラムの改革などを行い、より体系的に取組むようになりました。しっかりした枠組みを準備し、みんなで議論してつくり上げていく形式だったからこそ、うまく改革が進んでいったのだと思います。

鈴木　最初に、「90分の基礎ゼミと、キャリア科目やを打ち合わせをあわせた2コマを連続でやる」という案を聞いた時は、正直「大変になるのかな?」と思いました。

しかし、打ち合わせの時間を時間割の中に定期的に設けることで、先生方の交流が以前より深まったと思います。

江口　北陸大学に来て、担任の先生がパーソナル支援にかなり重点を置いていると感じました。さらに、授業のコマ数も多かったですね。今は原則7コマとしていますが、当時は12コマも担当している先生がいました。打ち合わせする時間を持てるはずもなく、先生たちはご自身の負担を一人で抱えるしかない状態でした。このままでは、先生たちが疲弊していくのではないかと心配になったほどです。だから、交流する場を持ち、一人に集中しがちな担任業務をシェアしていく必要がありました。

―組織が疲弊しきった状態で、強引に取組みを導入してもうまくいきません。まずは、教員同士のコミュニケーションを密にして、先生方一人ひとりにのしかかっていた負担を棚卸ししたのですね。

教職員一体となり、学生の居場所をつくる

―続いて、実際にどのように改革を進めていったのかお話を聞かせてください。

東風　他大学と比較すると違いに気づきますが、現在

の北陸大学の教職員の一体化は大きな特徴だと感じます。また、担任制の弱点を克服している仕組みが導入されていること、学生の成長を実感できる初年次教育のプログラムがあることです。これらは、教員と職員が一緒になって研修をしていますし、学部のワーキンググループにも教員と職員双方が入ります。

学生たちは、教員間や教職員間の仲が悪かったら絶対に気づきます。一方で、教職員が一緒に自分のことを見てくれているとわかれば安心感を抱くものです。

島　以前は、教員と職員双方が、それぞれの立場を意識しすぎているという印象がありました。そうした意識はできる限りなくした方がうまくいくと思いながらも、教職協働という発想にまで達していなかったと思います。「合理的に改革を進めていくには、組織化が必要だ」という発想から、山本先生は整理を進めていきました。

山本　もともと教員と職員の仲が悪かったわけではありませんでした。しかし、協働の仕組みがなければ、一緒に課題に取り組む機会もないものです。そこで、カリキュラム改革のワーキンググループでは、両者が集い、ざっくばらんに話をする場をつくったんです。

教員協働による授業も一緒です。フラットな関係で、授業の成果や課題、学生の情報をざっくばらんにシェアするほうが絶対にみんなが楽になるんです。教材作成もそうです。うちの学部の教材の緻密さを見ると、なんて大変なんだと一見思われるのですが、実は結果的に先生たちはすごく楽になっているのです。余力が出てくれば、次にやるべきことに着手できます。

江口　正直、山本先生は突然いろいろなことを思いつくので、実現する側は大変です。しかし、「大学を絶対に良くする」という信念で動いているのでなんとか形にしようとみんな必死になります。教員と職員は、学生のことを一緒に考えるチームという感覚が強いですね。

鈴木　山本先生は、次々に新しいアイディアを思いつくのでとても刺激を受けます。ＦＤ研修会の回数が増え、1回の時間も長いので正直大変だなと思うこともありましたが、参加すると勉強になることが多く、自分の授業でもいかせています。

山本　FDではいつ何をやるべきかということを意識的に考えています。腰を据えて行いたいので、1回の研修が丸一日だったりする。

ただし、非効率・非合理的なことは絶対にしない。教員がすべきではないことは、削ぎ落としていくべきです。

胡　教員として、授業の質をもっと上げなくてはいけないと思っています。そういう意味で、FDは非常に意味があります。まだ試行錯誤の段階ですが、よい方向に向かっていると思います。

—多様な改革を進める中で、衝突はなかったのでしょうか？

山本　すべての教職員の考え方がまったく一緒になることはありません。むしろ、全員考え方は異なるもの。先生たちの教育観は、本来多様だし、一人ひとりの思いが強いので、むしろ擦り合わせようとしないことがポイントだと思っています。教育観について議論を交わすのではなく、反対意見の人とも、まずは考えの違いを棚上げして、一緒に課題に取組んでみる。そうすることで、少しずつ目線が合っていくのです。

—学生たちへの接し方として、変更したことはありますか？

東風　私は、山本先生と同じ3年前に赴任して、ここに来るまでは東京のとある私立の小学校教員（教頭）をしていました。

学生への接し方で、本学の大きな特徴だと思うのはコンピテンシー入試です。

私は小学校現場で道徳教育を専門としていたので、山本先生のいう「コンピテンシー」を評価するという教育的手法に非常に共感しました。

島 改革以前は、初年次教育のノウハウがなく、せっかく大学に入学しても、大学に自分の居場所を持てないままやめてしまう学生が多かったのです。だからこそ、退学率も高かったのでしょう。

そうした状況を見かねた山本先生が、正式に着任する前にもかかわらず、今の3年生の学年の入学前プログラムで、仲間づくりのアドベンチャープログラムをトライアルで行っていました。知らない者同士で協力し合いながら課題をクリアしていく様子を見て、「こうすれば、学生たちは仲間をつくっていくことができるんだ」と知りました。

山本先生が正式に着任した後、すぐさま教職員と学生でアドベンチャープログラムについて体験するために富山県へ研修に行きました。学生たちと一緒に取組んでいると、自然に学生・教員・職員間の垣根がなくなっていったのが印象的でした。この研修が現在のSA制度とAO入試の原型になっています。

胡 新学部構想ワーキンググループでは、今の時代の大学教育は何をすべきか、大学の抱えた課題をどう解決すべきかなどを話し合いました。そして、最初に着手すべきなのは、初年次教育であるということが見えてきました。大きな方向性ができると、教職員はその達成に向けてモチベーションを高めていくことができます。

―こうして、北陸大学の改革の方向性が決まり、アドベンチャープログラムを活用したコンピテンシー入試の導入などが進んだのですね。

入学した学生が伸びていく実感を得る

―大学が変わることで、学生たちにも変化は起きていますか?

島 コンピテンシー入試で入学してSAとなった学生らが新1年生を引っ張っている姿を見たり、私の授業を手伝ってもらっているコンピテンシー入試入学生がテキパキ動いていたりする姿を見ると、「いい学生がたくさんいるな」と感じます。

胡　キャリア科目で自分を語る取組みをはじめてから、まだ2年しか経っていませんが、学生たちは確実にスピーチの腕を上げています。

鈴木　主体性が生まれているということも強く感じます。基礎ゼミでは多くの学生が自分の意見を進んでいうようになりましたし、グループワークでリーダーを買って出るようにもなりました。

また、SAに任せていれば教員が乗り出していかずとも、グループワークが円滑に進みます。

東風　新入生の中には、北陸大学に不本意ながら入学してくる学生も少なからずいます。その学生たちは最初、自己肯定感が低く、周囲となかなか打ち解けることができません。でも、キャリア科目で丁寧に自分の歩んできた道をふり返っていくと、どんどん変わります。

さらに、レポートを書いたり、他の学生たちと協働したりする経験を通して自信もつけていきます。

江口　多くの大学では、学籍番号順にゼミなどのクラス割を行います。しかし、本学部では、学修環境の均一化を意識したクラス割を行っています。プレイスメントテスト（学生を能力別に振り分ける試験）結果や入試種別、出身高校、男女などを確認し、学生の状況も配慮しつつクラス割をするのです。また、ゼミとクラス割を行う他の授業で、同じメンバー編成にならないよう注意もしています。

こうすることで、たとえゼミで友人関係を築くことができなくても、リセットし、居場所を見つけることができるのです。

山本　本学部のよさは多様性です。決して、成績が優秀な学生ばかりではありません。勉強が苦手な学生もいれば、スポーツに取組んできた元気な学生もいる。また、おとなしくて人とのコミュニケーションが苦手な学生もいます。コンピテンシーの高い学生や留学生もいます。せっかく多様なのだから、それを壊さないようにクラス編成をしなければいけません。

同質性の高さを売りにする大学もありますが、社会に出れば否が応でも多様性の中で揉まれることになります。同質性の高い大学にはないよさを出していくことが、我々には必要です。だからあえて、成績がよい学生・あまりよくない学生、コンピテンシーが高い学生・低い学生など多様な学生を1つのクラスに配しているのです。

血の通った新カリキュラム実現に向けて走りだす

―今後、どのような取組みを行おうと考えているか教えてください。

山本　一学部だけが改革を進めても、なかなか大学全体の評判を底上げすることにまではつながりません。経済経営学部の改革を、大学全体の改革につなげていくことが課題ですね。

江口　たしかに、全学を見渡す機能も必要になってくると思います。3年前までは全学の教務委員会がなかったのですが、全学教務委員会ができたことで、バラバラだった履修規程の一本化を行うことができました。その後も、全学教務委員会は他の学部との意見交換の場としての機能も果たし、学内の情報共有に役立っていると思います。

―現在、カリキュラムの刷新も進めているのですよね？

東風　はい、来年度の学生から、新カリキュラムで学ぶこととなります。このカリキュラムがどのような成果をあげるか、検証することが当面の重要事項です。

写真　さまざまな議題を教職員で話し合う

鈴木　1回3時間の会議を19回も重ね、練りに練ったカリキュラムですから、成果の出るものとしたいです。形はできたので、あとは実質を伴ったものにしていきたいと思っています。

―カリキュラム作成の中で重視したことはどんなことでしょうか?

島　どんな事情で入学したにせよ、卒業できてよかったと思ってもらえる大学でありたいと考えています。社会で生き抜ける判断力をつけ、奨学金を返せる職業につくだけの力を身につけてもらう。このことを抜いては、大学の意義を語ることはできません。

胡　新たな教育を行っていくには、教職員が学ぶ姿勢や環境を維持していくことも大切です。今は、教職員の関係性がとても良好です。和気藹々としたこのチームを維持して、学部をどんどんよい方向に進めていきたいと思います。

江口　事務職員はこれまであまり研修などに参加しておらず、他大学との交流が盛んではありませんでした。これでは、なかなか教育の情報を得ることができません。そこで、私自身のネットワークを使って、研修会情報の提供や他大学情報の収集などを行っています。教職員が外部とつながりつつ、常に学びを重ねていける環境にしなければいけないと思っています。

東風　北陸大学が、大学の中のオピニオンリーダーとなっていけるよう改革を進めていきたいと思います。日本の多くの大学に北陸大学の事例を伝えていくことで、日本中の学生が幸せになっていく。そんなスパイラルを生んでいきたいです。それには、伝統も大事ですが、新しい考えを取り入れていくことが欠かせませんね。

―北陸大学はスピーディに改革を実行しながら、教職員のモチベーションは常に高い。それは、自分たちの活動で、明らかに学生が変わり、力を伸ばしていると いう手応えがあるからなのだろう。

学生インタビュー

ＡＯ入試やＳＡ活動、学生たちが実感する自分たちの成長

激変する大学の中で、学生たちは何を感じているのか……？　改革前の大学の様子から、現状、そして、自分たちの成長について、ＳＡを経験している6名の学生に話を聞いた。

【学生プロフィール】
山崎達史さん（4年生）
江頭凛音さん（3年生）
藤本彩実さん（2年生）
篠岡虹志さん（2年生）
山崎大輔さん（2年生）
田中沙采さん（2年生）
＋教授　山本啓一先生

改革前の大学の状況とは？

—3年前から大規模な大学改革がスタートしましたが、それ以前の大学にはどのような印象を持っていましたか？

山崎（達）　アドベンチャープログラムのアクティビティがはじまって、同級生とのコミュニケーションが格段に変わりました。1年生の時はアクティビティがまったくなく、入学後の合宿でも打ち解けることができませんでした。その流れで、2年生の時も特に深くつながり合うことなく過ごしてしまいました。

3年生になった時に、1年生のゼミのＳＡ制度が導入されました。ＳＡに立候補して、入学直後のフレッシュマンセミナーで新入生にチームづくりアクティビティを行うと、ゼミの雰囲気がガラリと変わりました。

今の1、2年生は、すぐに仲間とのコミュニケーションを深められています。そして、その後のゼミもよい仲間づくりの場となっていると感じるので、羨ましいですね。

江頭　私はバスケットボールのスポーツＡＯで入学しました。私たちが入学するまでは、北陸大学にバスケットボール部がなかったのですが、「今後強化する」という話を聞いたので鹿児島から受験しました。でも、入学当初は、部活動内に先輩がおらず、学校のことを誰に相談したらよいかわからずに、同級生と苦労した思い出があります。

　当時からＳＡ制度があれば、私のように「相談する相手がいない」と悩む学生は減ったはずです。

―２年生の藤本さんが入った時は大学改革が既にはじまっていましたね。高校時代に遡って、北陸大学にはどのような印象を持っていましたか？

藤本　私は金沢市内の高校に通っていました。正直、高校２年生まで北陸大学には、「山の中にある大学」くらいの印象しかありませんでした。実は、オープンキャンパスにも来ていません。

　でも当時、北陸大学は自分の高校と高大連携をしていて、進路が決まった後ですが、週１回大学に来て授業を受けていました。仲間づくりのアクティビティなどもあり、その頃から少しずつ大学の印象が変わりはじめました。人数的にもちょうどよく、同級生同士の壁がないので、すぐに打ち解けることができました。今では、北陸大学に入学して本当によかったと思っています。

驚きのコンピテンシー入試にどう臨んだのか？

―コンピテンシーを測るＡＯ入試を受けてみた感想を教えてください。

篠岡　コンピテンシー入試では、大きなシーソーの上にチーム全員で乗り「左右のバランスを均等に保つこと」と課題が出されました。それを聞いて、「こんなアクティビティが試験なの？」ととても驚きました。全員が初対面なので、最初はコミュニケーション１つ取るのもギクシャクしていたのを覚えています。誰かをリーダーにして、その人が仕切るのを待っていては、チームワークは発揮できません。リーダーを立てつつも、みんなでコミュニケーションをとらなければチームが1つになれないと思いました。

でも、最初は、みんな緊張して話を全くしません。そこで、自分が口火を切って、意見を出したんです。その後、みんなが話すようになり、雰囲気はよくなっていったと思います。

とはいえ、課題の「シーソーに乗ってバランス取る」ことはできず、ガタンと傾いてしまいゲームアウトとなりました。合否の判定は、「クリアできるかできないかではない」と聞いていたので、これで「落ちた」とは思いませんでしたが正直がっかりはしましたね。

山崎（大）　ＡＯ入試のときは、篠岡君とは違うグループでした。僕も「これで合否が決まるの?」と、入試内容には驚きました。僕らも同じシーソーの課題に挑戦しました。課題をクリアするために意識していたことは、いろいろな人に声をかけること。一人でグループから外れてしまっていたり、同じ高校のメンバー同士で固まっていたりしたら、それをほぐすようにすることを意識しました。

でも、結局課題はクリアできず、「チーム全員落ちた。受験勉強をし直さないと……」と思いました。みんな落ち込んでいましたが、「まだ時間があるし、判定には関係ないけれど、成功するまでやってみようよ」と声をかけて続けていました。

――ＡＯ入試後の自己評価はどう付けましたか?

山崎（大）　自己評価は実は高かったのですが、ナルシストだと思われるのもよくないなと思い、最上の評価はつけませんでした。周囲に声をかけたことはよかったのではないかと思い、そこは高評価にしましたね。

篠岡　自己評価は、よかったところはよく、悪かったところは悪く、客観的につけました。悪かったところは、午前中は自分が話しすぎてしまい、みんなの出番を設けられなかったことです。意見をどんどんいえる人だけで進めてしまい、完結してしまったところに問題を感じました。そこで、午後は自分の主張を控えめにして、他の人の話に耳を傾けるようにしました。自分で自分の立ち位置を客観的に見て調整していったことがよかったのかもしれませんね。

山本　そうですね。午後から「調整したな」というのはなんとなくわかりました。そういう学生は他にもいましたね。実は、お弁当を誰と食べているかなどについても観察していました。

山崎（大）　アクティビティの後の面談のときに、山本先生から「よいアイディアをいっていたのに、なんでちゃんとみんなに聞こえる声でいわなかったの？」といわれました。小さな声で隣の子と話していた程度の内容だったので、「そこまで聞いているのか！」とびっくりしました。

山本　それはたまたまだよ（笑）

―一般入試で入った学生は、大学に入学してからアクティビティを体験しますよね。どんな感想を持ちましたか？

田中　私は岐阜県出身で、経済経営学部に高校の友達は一人もいませんでした。入学前の2月に、「入学前教育」としてスクーリングがあります。そこで、チームづくりアクティビティを初体験しました。「大学で、どうしてこんなことをするのだろう？」と率直な感想を持ちましたが、後から狙いがわかります。スクーリングで親しくなった子と入学式で再会し、今でも仲がよいからです。大学の最初の段階で打ち解けるためのものとして、チームづくりアクティビティは大切だなと思っています。

　昨年、オープンキャンパスのスタッフをしている中でも、アクティビティは「コミュニケーションをとる上で大切な活動だ」と感じました。

―北陸大学ではあえて多様な仲間と交流できる機会を設けているようです。それを感じることはありますか？

藤本　授業でも、ゼミでも、文章作成講座の時間でも、毎回違うメンバーでグループになります。たくさんの人と話す機会があり、話さざるを得ないので、関係性が固定せずいろいろな人と仲良くなっていますね。

山崎（大）　人と関わる機会がたくさんあるのでそれをフル活用しようと、大学に入ってからは、あえて知らない人と交流しようと思っています。しかも、話してみると意外な面がたくさん見えておもしろいことが多いんです。

　この大学は最初のうち、どの授業でもやたらと自己紹介があるんです（笑）でもそのうち慣れて、初対面の人への抵抗感もいつの間にかなくなっていました。

SA体験を通じた学びとは

—ここにいる6人はみんなSAを経験したわけですが、どんな思いで立候補し、今どんなふうに頑張っていますか？

江頭　実は私は人と話すことが好きではなくて、人前に立つことも嫌だったんです。10分間スピーチも苦手で、3分で話が終わってしまうくらいでした。でも、SAを続けているうちに、少しずつ人と関わることに慣れていきました。

　SAをはじめた理由は、将来警察官を目指していて、それを部活動の監督に話すと、「警察官にはコミュニケーション能力が必要だ。SAをやってみたらどうか？」と勧めてくださったから。「苦手を克服できるならやろう」と思いました。

山崎（達）　SAとして、あまり後輩に干渉しすぎないように注意しています。先輩だけれど、先輩という意識を持たれすぎないよう

に接してもらう程度が心地よい。今では、SAとして関わっていた子から相談を受けたり、2年生から友達感覚で話しかけられたりしています。私が1年生の時は、部活動に入っていなければ、上の学年の先輩との接点は皆無でしたから、SAの取組みは先輩と交流できるよい機会だと思います。

藤本　SAとしてチームづくりや場づくりを意識的に行っています。後輩たちのキャリア科目での10分間スピーチでは、率先して私が質問することにしています。誰からもリアクションがないと、場の空気が悪くなってしまうので。

また、ゼミの運営もSAの仕事です。先生とゼミ生との面談のスケジューリングを私がしています。みんなの面談時間を決めてシェアし、先生にリマインドするのです。

篠岡　僕は、基礎ゼミで先生の代わりにファシリテーターをしたことがあります。3つの項目のうち、1つの項目を先生が行ったのを見て、2項目から僕がファシリテーションしました。

田中　私のゼミは先生が新任なので、私からどんどん提案しています。

―後輩たちのフレッシュマンセミナーでは、SAはどんな役割を担うのですか？

藤本　各SAが1ゼミごとを担当し、ファシリテーターとして新入生のチームづくりを促します。そのために、春休みは毎週朝8時に大学に集合して打ち合わせやファシリテーションの練習をしました。

山崎（達） フレッシュマンセミナーで難しいのは、活発な子とおとなしい子を同時に乗せていくこと。そのために必要なアクティビティを選ばないと、全く盛り上がらず、仲間づくりを成功に導くことができません。

藤本 チームづくりには精一杯取組みますが、仕切る方がまじめすぎると苦しくなってしまいます。臨機応変に、柔軟に対応するくらいの開き直りが必要です。

私が大事にしているのは、チームの中で真っ先に声をかける人をどう選ぶかということ。コミュニケーション力がある新入生を見つけて、協力をお願いするんです。この見極めは失敗できませんね。あとは、観察力をフルに使って、困っていそうな子や物怖じしている子をサポートしていきます。

―SAの活動を通して、実践的にコンピテンシーを高めているのですね。新入生は、先輩たちの姿を見て、自分たちのロールモデルとしていきます。そうすることで、大学は確実によい方向へと向かっていく。

大学改革は教職員だけの力では不可能。学生たちにたくさんの成長の機会を用意し、それを後輩たちにもつなげていく。そんなよい循環を生むことが上昇気流に乗る秘訣なのかもしれない。

第 5 章

「グローカル」を軸に
不断の取組みを重ね
地域に選ばれる大学となる

共愛学園前橋国際大学

KYOAI GAKUEN UNIVERSITY

大学の存在意義を定め真っ当な教育活動を実現する体制を構築

大学名：共愛学園前橋国際大学
設　立：1888年前橋英和女学校として共愛学園設立。1999年に共愛学園前橋国際大学を開学。共愛学園は子ども園、学童クラブ、小学校、中学校、高校、そして大学を有する総合学園である。
学　部：国際社会学部　国際社会学科（英語コース、国際コース、情報・経営コース、心理・人間文化コース、児童教育コース）
学生数：約1，100名
所在地：〒379-2192 群馬県前橋市小屋原町1154-4
Web site ：http://www.kyoai.ac.jp

共愛学園前橋国際大学は、1999年に誕生した国際社会学部を持つ単科大学だ。共愛学園の伝統はあったものの、大学開学当初は、思うような学生募集を果たせず、定員割れとなる。コースの整備や優秀な学生への学費の優待などカンフル剤を打ちながら、養う力の明確化や教職協働、学生主体の教育活動などの取組みを積み重ねる。

そして、常に改善を続けてきた共愛学園前橋国際大学は、今地域から選ばれ、全国からも注目される大学となっている。34歳で学部長、48歳で学長に選出され教職員とともに教育活動を牽引してきた大森昭生先生に話を聞いた。

◆日本初の国際社会学部設立も、何を学ぶ大学か不明確で定員割れ

「うちの大学は〝改革〟はしていないんです」

大森昭生先生は、そう語る。定員割れからスタートした共愛学園前橋国際大学のこの20年間の歩みは、改革ではない。では、何かと問われれば、教育活動をただただ愚直に行ってきた結果だといえるだろう。

現在では、全国の大学学長が教育面で評価する大学の5位（『大学ランキング』２０１9朝日新聞出版）、グローバル時代を先導する改革に積極的な大学5位（サンデー毎日２０１６年1月号）、文科省支援事業採択数6位（朝日新聞大学ランキング２０１８）に選ばれる、全国的に注目される大学となった。

定員割れの窮地からどう抜け出し、そして、どのような教育と経営の改善を重ねてきたのか。

「真っ当な大学づくり」のヒントがここにある。

＊

「新しい大学を自分たちの手でつくるんだ！」

１９９9年に、短期大学から4年制の大学へ改組した共愛学園前橋国際大学。当時、大森先生の胸は躍っていた。自分たちで大学を創る高揚感。練りに練った自信のあるカリキュラムを掲げれば、確実に学生は集まってくるはずだ。そう、信じて疑わなかったからだ。

しかし､結果はどうだ。4年制に改組した翌年には、定員割れに陥った。そのときのことを大森先生はこうふり返る。

「自分たちでつくったリーフレットを持って、1週間かけて東北の高校訪問をしました。とある高校でリーフレットを渡すと、『最近はゴミ問題が大変なんだよ』といわれたんです。自分たちがつくりあげたリーフレットが『ゴミ』といわれる。まさか、そんなことがあるとは思いもよりませんでした」

高校生向けの合同説明会にブースを出しても、高校生が全然集まってこない。仕方ないので、目の前を歩いていた高校生を捕まえて、「君は何を勉強したいんだい？」と尋ねると「英語です」と返ってきた。「じゃあ、うちの大学にぴったりじゃないか」というと、「共愛って『国際ナンチャラ』ですよね。何やるかよくわからない」といわれる。

「カリキュラムさえ用意すれば自ずと全国から学生がくると思い込んでいました。しかし、全国には山のように大学がある。そこから選んでもらうのは簡単ではない。『2ちゃんねる』には、『前橋で国際　笑笑笑』と書き込まれる始末。独りよがりの大学づくりになっていたんだと悔しさがこみ上げました」

当時は、国際関係学、経済学や文化人類学、情報処理、さらには英語力も鍛えられるカリキュラムと自信を持って提示していた。しかし、裏を返せば、「何をするのかが明確ではない」学部。さらに、そのような横断的な学びを持っている意識の高い学生が選ぶ大学は、東京を中心に全国にいくらでも存在していた。

◆テーマは「グローカル人材の育成」コース制の導入で学ぶ内容を明確に

どうしたら学生が集まるか？

まず課題として挙げられたのは、何を学べる大学なのかがわかりづらいことだった。そこで、大学の存在意義を改めて考えることとした。

「多くの大学が、東大や旧帝大のミニチュア版を目指してしまいがちです。でも、私たちが小さな国立大学を目指しても、だめなんです。国立大学に行きたい人は、まずそちらにいきますからね。ミニチュア版のままでは、国立大学が残念な結果だったときにはじめて目を向けてもらえる存在でしかありません。だから、『私たちだからこそできることは何か』を考えていく必要があるのだと思いました」

掲げたのは、前の平田郁美学長がいい続けていた「地域との共生」だ。「国際社会のあり方についての見識と洞察力を持ちながら、国際化も含む地域社会の諸課題にも対処できる人材、すなわちGlocal（グローカル）な人材」を育むことを目的にした。

大森先生はこうした人材を「飛び立たないグローバル人材」と表現。そのコンセプトのもと、学生が自身に合った専門を養えるカリキュラムとし、さらに、グローバルを実現する海外体験とローカルを具現化する地域体験の機会を増やしていった。

さらに、受験生にとって何を学ぶのかがわかりにくかった教育内容をわかりやすく整理していき、2000年にコース制を導入、2005年には現在の「英語コース」「国際コース」「情報・経営コース」「心理・人間文化コース」「児童教育コース」に分けた。

ただ、コースは分かれても、本学として共通で学ばせたいポリシーはある。そこで、その後コースに関わ

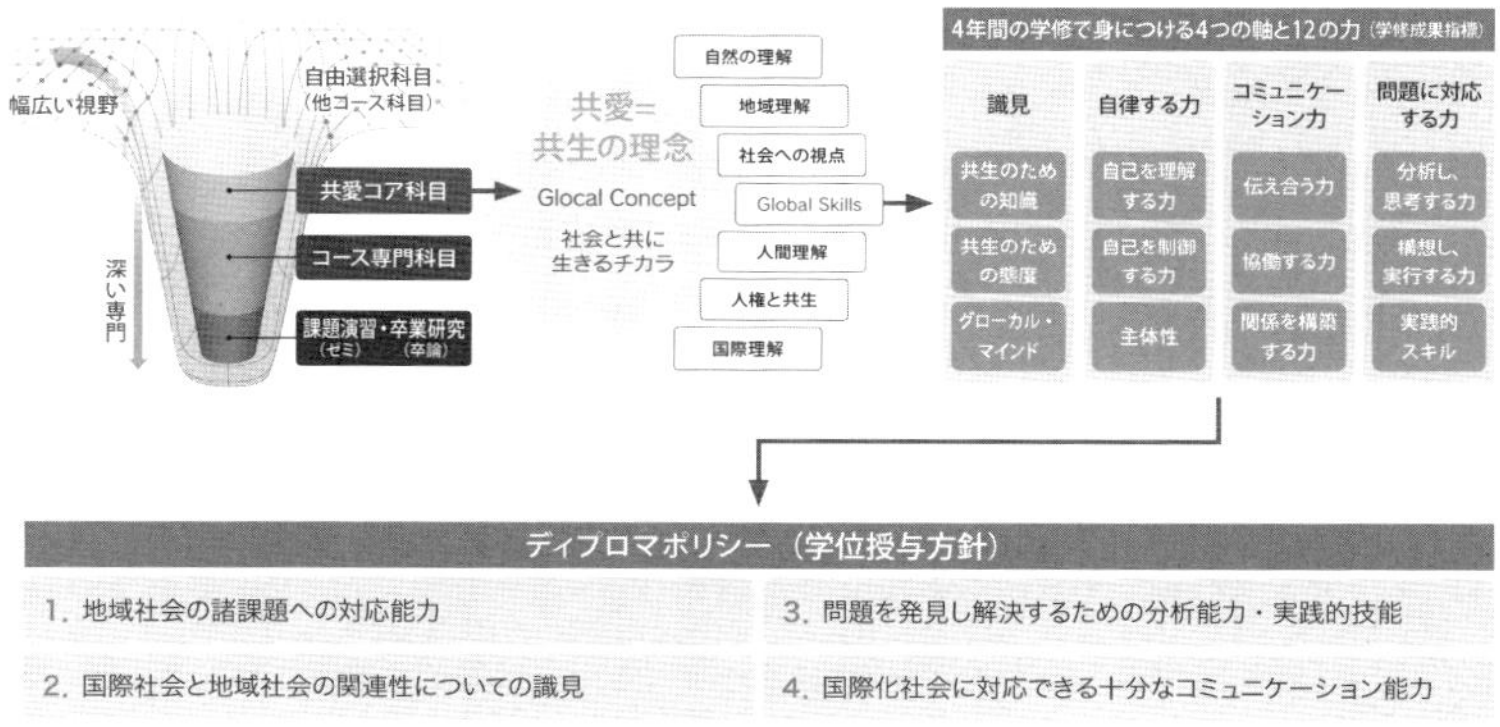

図１　共愛カリキュラムの概念図

らず、すべての学生が履修すべき「共愛コア科目」と呼ばれる科目群を設けた。

【共愛コアカリキュラムの４つの方針】
1. 自分を見つめ他者とともに生きること
「人間理解」「人権と共生」
2. 国際的な視野を持ち地域を理解すること
「国際理解」「地域理解」
3. 社会と共に生きるチカラと自然との共生
「社会への視点」「自然の理解」
4. グローカルリーダーに必要な資質
「Global Skills（英語による授業）」

少なくない大学が、「学生が集まらないので、大学名を変えよう」あるいは「新しい学部を創ろう」とする。しかし、共愛学園前橋国際大学はコンセプトを明確化するという本質に目を向けたのだ。

このような整理をすることで、「どこを目指す大学なのか」「何を学べる大学なのか」が受験生にわかりやすいものとなった。

◆有資格者優遇制度をカンフル剤とし、優秀な学生獲得を目指す

コース制と同時期の2002年に行われたのが、資格取得者に対する特待制度の導入だ。すべての合格者の中から、実用英語検定試験2級、情報処理技術者試験、日商簿記2級の取得者に対して授業料の全額免除（4年間継続可能）を行ったのだ。

この取組みを大森先生は「カンフル剤」と評する。

「コース制もそうですが、目に留まりやすいカンフル剤を投入することも時に必要でした。しかし、カンフル剤だけでは一過性で、『学生が集まってよかったね』で終わってしまいます。それを皮切りに教育の中身の改善を続けていく必要があるのです」

英検2級を取得した優秀な学生が入ってくることで、大学の意識が教育に向きやすくなったという。

「『優秀なこの学生を伸ばせなければ、次はない』という危機感を私たちは抱くようになりました。教育に注力することで、入ってきた学生をさらに伸ばして送り出すことができるようになったのです。また、特待生は毎年資格継続審査があるので、一生懸命勉強しました。キャンパスが、学びに向かう雰囲気で満たされていった気がします。群馬県の教員になった学生や、航空会社に入社した学生などが現れ出すと、最初は数人だった特待生志望者がどんどん増えていきました。『共愛にいけば先生になれる』という嬉しい評判が高校生の間に広まったのが奏功したように思います」

また、「漢検についても優遇措置を設けてはどうか？」という意見が出たことがある。議論の末に、「英検や簿記、情報処理の資格試験で必要とされる力は、本学に入学してから伸ばせるカリキュラムがある。しかし、『漢検』で問われる力は入学後どう伸ばすのか、カリキュラムに紐付けることができないので、優遇措置は行わないと決定しました」と大森先生は語る。

「何でもかんでも優遇措置をしたいというわけではないんです。教育に責任が持てるものだけ、その分野の能力が高い学生を取るという方針は明確でした。こ

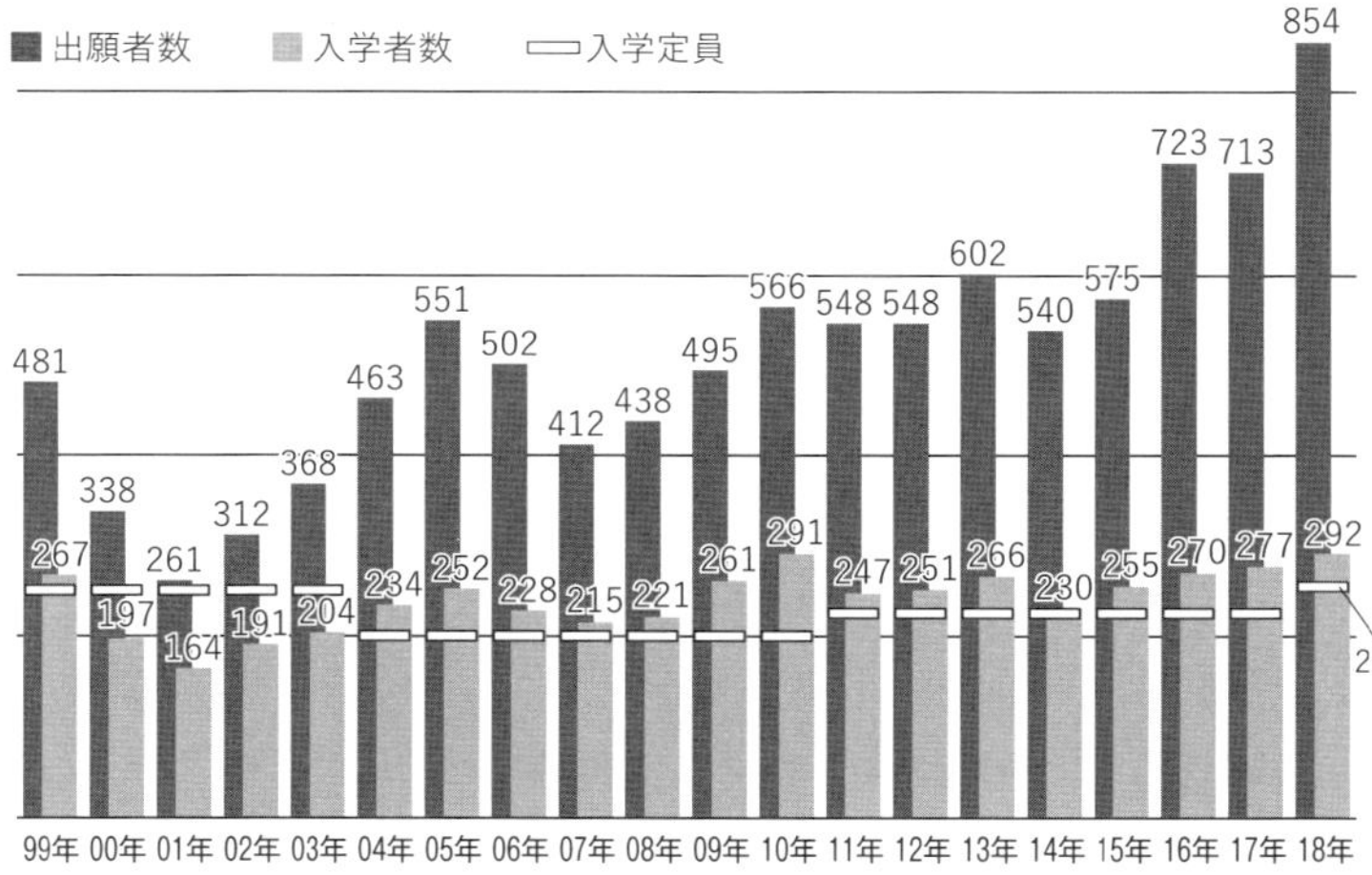

※出願者・入学者・入学定員には、3年次編入（5名定員）は含まない

図２　出願者数・入学者数の推移

れは、我々の教育への責任感といえます」

この制度導入から10年経った２０１２年には、授業料免除の適用年度を４年間から1年間へと変更した。コース制の導入や資格取得者の優遇措置により、共愛学園前橋国際大学は２００６年にはじめて収容定員を充足したのだった。

◆教職協働のスタッフ会議と適切な人材抜擢

大学の取組みを牽引する心臓部となっているのが、「スタッフ会議」だ。スタッフ会議は、教員だけでなく職員も一緒になり大学の未来や今後の取組みについて話し合う。専任教員32名（２０１８年度現在）、専任職員は24名（同）、そして嘱託やパート、派遣の職員も、スタッフ会議に加わる。

「短大が大学に改組するときから、このスタッフ会議は設置されていました。１９９９年に開催された第一回スタッフ会議のテーマは、『学生センターの机のレイアウトについて』。教員の中には、『それは職員が決めればいいんじゃないですか？』という方もいました。しかし、多くの学生が訪問する学生センターは、大学の顔でもある。そこをどうするか話し合うことは、教職一体の重要性を全教職員が認識する絶好の仕掛けとなると考えたのでした。これは、大学の方針を決める場には、学生に関わるすべての人が出席すべきという考えが、本学に根付くきっかけとなりました」

スタッフ会議では、これまでさまざまな重要事項が決定されてきた。

代表的なものの1つは、定員を250名から200名に減らすという決断だ。多くの大学が、大規模志向にあり、縮小を決断することはほぼない。しかし、それぞれの大学には、それぞれの適正な規模があるはずだ。大森先生は「より教育効果を高めるために定員を減らした」とふり返る（2018年度現在は255名となっている）。

そして、もう1つの大きな決断が「人件費抑制規程」だ。「受験生が集まらなければ、入試を易化させてでも定員を充足させよう」というのが、少なくない大学の考え方だ。たとえば、推薦入試において評定平均4・0以上の生徒を対象としていたのに、受験生が集まらなくなったので3・5以上を対象とするという措置がこれに当たる。たしかに、このような判断をすることで一時学生は増えるだろう。しかし、これまでよりも学力の低い学生が入ってくることは避けて通れない。

これに対し、共愛学園前橋国際大学は「入学者の評定を下げないこと」を決定した。さらに、一般入試でも一定の基準に達しない場合は不合格を出し続けた。「地域に貢献できる人材を送り出せなければ、地域に信頼される大学にもなり得ない」。そう考え、当時の大学の教育力で能力を伸ばせる学生だけを取り、責任を持って地域へ送り出すこととしたのだ。

当然のことながら、もし入学定員が充足しなければ、大学の収入は減ることとなる。「どこから支出をカットするかといえば、1番のボリュームとなっている人件費、つまり給料から削るしかない」と話が持ち上がった。そしてスタッフ会議において、「帰属収入の55%を人件費が超えるようであれば一律に給与をカットする」という人件費抑制規程が決議された。つまり、教職員が自腹を切ることをトップダウンではなく、現場自らが決定し、理事会に上げたのだ。ちなみに、この規程が適用される事態になったことは未だにないという。

さらに、必要な人材を教員・職員関係なく、あるいは年齢に関係なく抜擢することも特徴的だ。本学にも、大学運営のための多数の組織がある。これは、一般の大学でいう教務委員会や、入試委員会などにあたるものだ。本学ではそれを、「センター」や「グループ」と呼んでいる。これらの組織には、教員も職員も同じ立場で参画しており、そのリーダーも合議によって選ばれるので、教員であろうと職員であろうと、年齢も関係なく選ばれる。

そして、若手の起用にも目を引くものがある。大森先生が学部長になったのは２００３年。候補となった時点では34歳、しかも教授職ではなく専任講師の立場だった。当時一番の若年者が学部長になることに苦労はなかったのだろうか？

「もちろん気を使うことはあります。しかし、若いから、先輩の先生方と喧嘩にならないというよい点もある。わからないこと、お願いすることなど、頭を下げて回れるという、若さならではの特権があると思うんです。若いのは強みでもありますよ」

その後、大森先生は48歳で学長となる。前学長の平田先生が学長に選出されたのも40代のときだった。加えて、現在学部長を務めているのは、准教授の村山賢哉先生で、30代で選出された。

「いろいろな大学に講演に行きますが、ある大学で若い先生の不満が溜まっていたのか、『うちの執行部も共愛さんみたいにならないでしょうか』といわれることがありました。しかし、『変えたいならば、自分でやってみたらいい』と思うのです。年齢に関係なく、できる人が必要な働きをすることが重要なのです」

◆「学生中心主義」を具現化する「学生は大学運営のパートナー」という考え方

「学生中心主義」は、学生の授業への積極的な参加だけを意味するものではない。ましてや、学生をお客様扱いするものでもない。大学の運営や意思決定に、

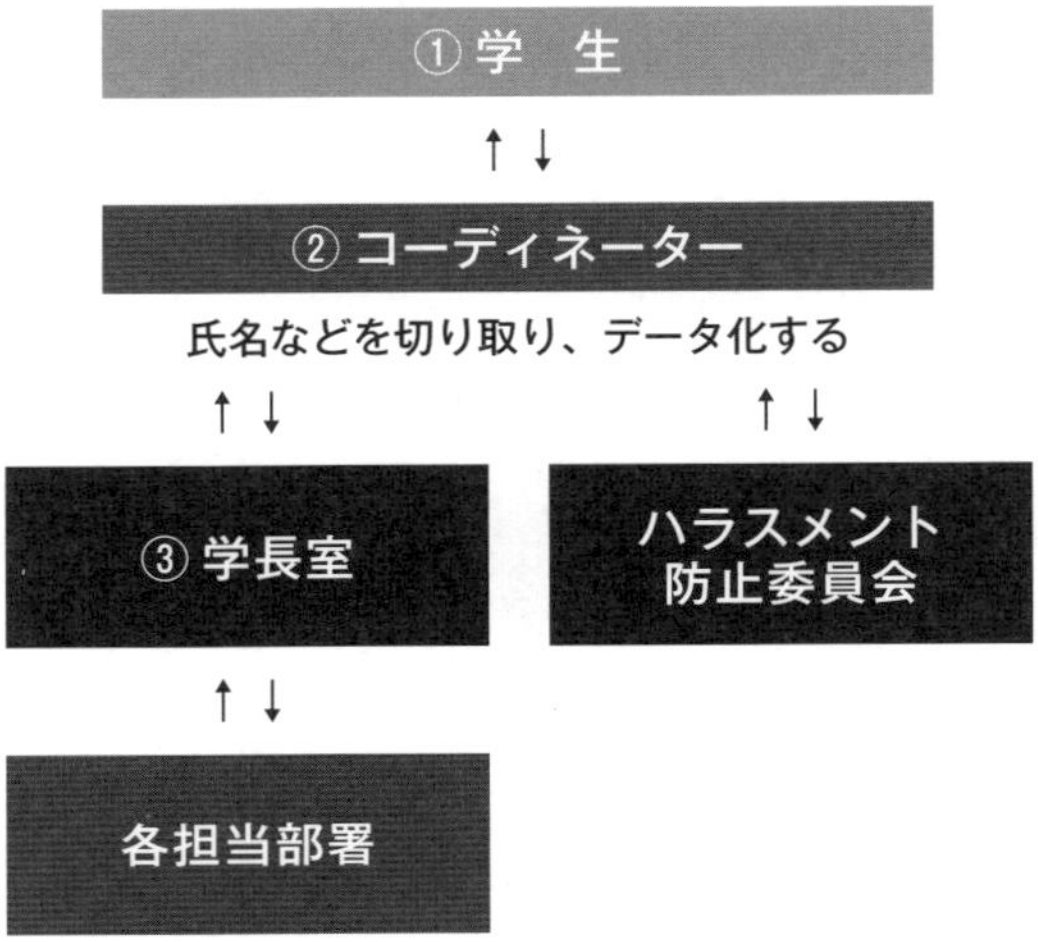

図３　スピークアップシステムの運用

学生が関わるということでもある。つまり、共愛学園前橋国際大学は、学生・教員・職員の三位一体で運営がなされているのだ。大森先生はいう。

「大学はさまざまな人たちが集まるコミュニティです。コミュニティの主体的な創り手はそこに参画する一人ひとりであり、そのコミュニティの中心に学生がいるわけですから、学生のみんなも創り手であるわけです」

学生がどう大学づくりに関わっているか、いくつか具体例を紹介しよう。

(1) スピークアップシステム

本学では、学生がさまざまな意見、提案、相談をできる投書箱を設置している。記名式投書と匿名式投書のそれぞれの利点を組み合わせ、学生が責任をもって意見を出せるシステムだ。また、記名することにより、必ずその本人に大学からの回答や意見が戻される仕組みになっている。ただし、学生が安心して投書できるように、コーディネーターによって名前を伏せられ、担当教職員や部署に渡される。担当は提案の実現の可否に関わらず、必ず理由を添えて回答をコーディネーターに戻し、コーディネーターはそれを伏せた名前と突き合わせて本人に返す。

このシステムにより、実際に授業科目の増設や時間割の変更、グラウンドの照明の設置、図書館開館時間の検討などがなされた。図書館の開館時間では、学生の提案の時間まで延長開館する実験をし、結果として利用者があまりいなかったことを理由に、時間の変更を行わなかった。こうして、学生と対話をしながら、大学づくりをしていくことが本学の特徴となっている。

(2)　学生運営のカフェ

学生が自主的に運営するカフェが学内にあり、学生・教職員・地域の方々が集える場所となっている。これも、学生との意見交換会の中で学生から提案されたものだ。この意見交換会は、KYOAI Commons 建設に関係して開かれたものだったが、校舎の建築の際にも予算や設計図を学生にオープンにし、一緒に話し合う。その結果、カフェが KYOAI Commons の中に設置され、今でも学生たちが運営している。

写真　学生運営カフェの様子

(3)　部室棟の建て替え

老朽化により部室棟の建て替えが必要となった際、5千万円余の予算を、学生会を中心とするメンバーに渡し、学生達自身でプランを立てて、建て直しを行った。

(4)　学修サポート（ピア・ラーニング）

「学生が学生をサポートする」システムが充実している。たとえば、「ＩＴサポート」は、コンピュータが得意な学生がチームを組み、学内2か所に常駐。他の学生のＩＴに関するトラブルや疑問点解消のための相談に乗ったり、ITエリアの管理をしたりしている。英語や中国語が得意な学生が語学学修のサポートをする「アカデミック ピア チューター（Academic Peer Tutor）」や、研修を受けた上級生が下級生のレポート指導を行う「ラピタデスク（Library Peer Tutor Desk）」もある。

(5) 授業アンケート

共愛学園前橋国際大学では、学期の中間時点と最終回のそれぞれで授業アンケートを実施している。アンケート結果は、翌週には教員に渡し、教員はすぐ授業の中で学生にフィードバックする。これは、アンケートに答えてくれた学生との対話の中で授業を改善していく試みである。もちろん、授業終了後には各教員が分析をして、A4用紙1枚に内容をまとめる。これをコースの教員全員で確認し、学生にとってよい授業とは何かを考える機会としている。これにより、たとえば、難易度が高い授業が1年次に配当されていることがアンケートから見えれば、3年次に持ってくるなどの改善が可能だ。授業アンケートは評価ではなく、あくまで教育改善に活用する。

「学生中心主義」により、大学が学生にとってより良い居場所となる。そして、学生にとっては自分の発信や行動により大学という「社会」を変えていくことができるのだと実感でき、成長が促されるとともに、大学のあり方を自分事としてとらえ、その一員として大学に愛着を覚えていくこととなるのだ。

◆グローカルリーダーを育てる地域連携プロジェクト

KYOAI Glocal Projectは、グローカルリーダーを育成することを目標とした事業だ。グローカルリーダーとは、「地域に根差しながら、地域と世界を繋ぎ、海外の活力を地域に取り込み、地域を牽引する人材」と位置付けられる。

たとえば、通常は国内で働いていても、必要であれば海外に躊躇なく赴き、現地の人々と必要なコミュニケーションを取ることができる存在、あるいは、地域

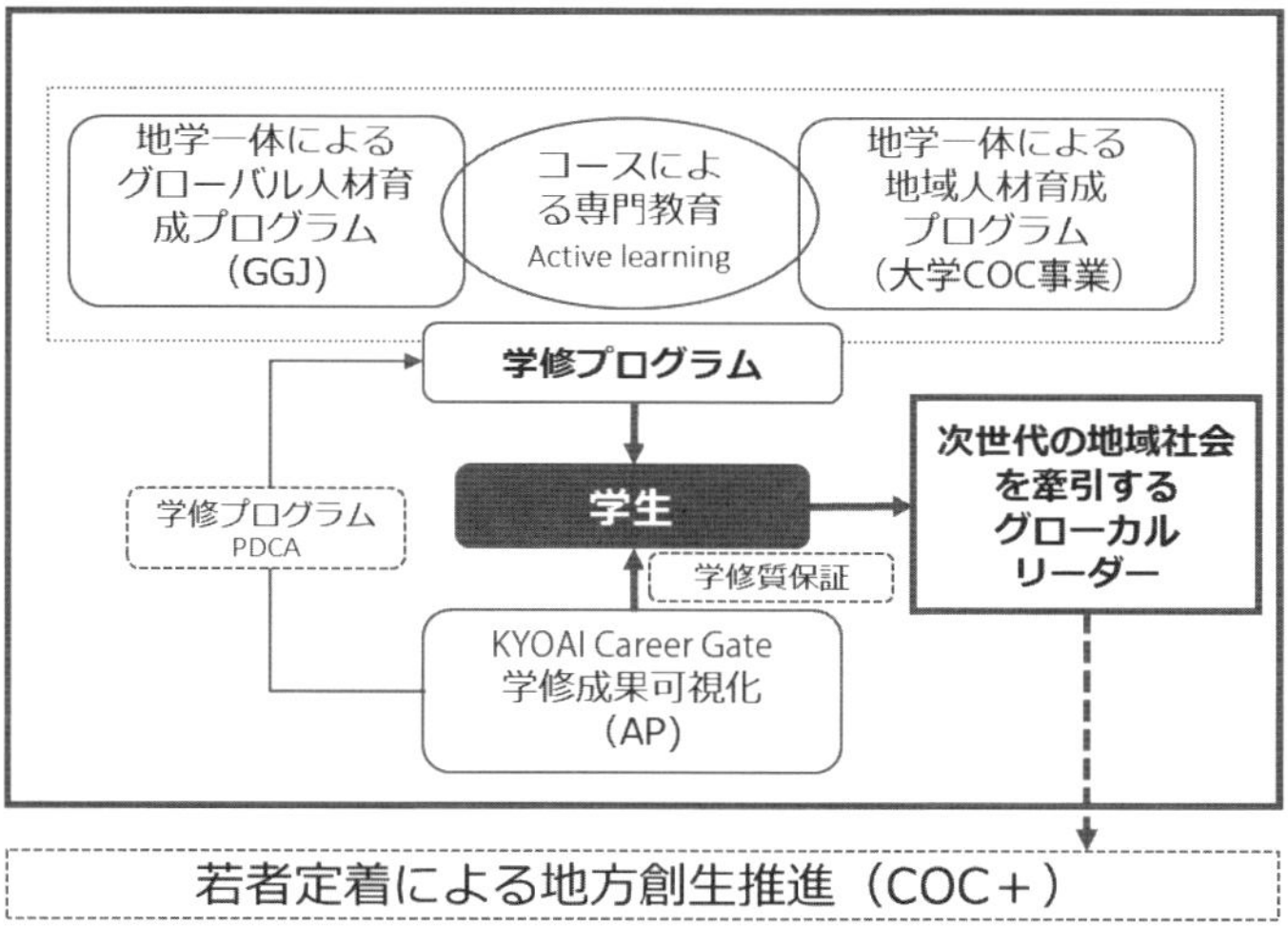

図４　KYOAI Glocal Project 概念図

にいながら世界の動きをチェックして、地域の活性化につなげていくことができる人材のことを指す。大森先生は、「今、地方にこそグローバル人材が必要なのです」と話す。

「モノづくりも農業もグローバル化の波の中で必死に頑張っていますし、地域に外国籍の方が増え、生活のグローバル化が進んでいる。それに、本学の学生たちがみんな世界に飛び立ってしまったら、群馬を支える人材がいなくなってしまいます」

学生たちは、大学が提供するさまざまなグローバルとローカルな取組みで力をつけ、培った力を各地域で発揮していくことが求められている。

共愛学園前橋国際大学は、そのようなグローカルリーダーを体系的に育てていくことを目指している。そのために、自治体（群馬県、前橋市、伊勢崎市、高崎市、富岡市）や企業、あるいは他大学、海外大学と協力しながら、地域人材を育成しているのだ。

共愛学園前橋国際大学は、「スーパーグローバル大学等創生支援事業　経済社会の発展を牽引するグローバル人材育成支援（ＧＧＪ）」、「地（知）の拠点整備事業（大学COC事業）」「地（知）の拠点大学による地方創生推進事業（COC＋）」、「大学教育再生加速プログラム（AP）」と文科省4大事業に採択されている唯一の私立大学である。各コースのカリキュラムを柱に据え、これらの事業によって開発・発展されたさまざまな高度教育プログラムを一体的に学修プログラムとして展開しているのがKYOAI Glocal Projectである。

◆飛び立たないグローバル人材を育てる地域連携プロジェクト

大学のグローバル事業を考える場合、一般的には海外大学との連携協定に動く。しかし、本学はまず地元の伊勢崎市教育委員会と伊勢崎市のサンデンHD株式会社と共に地域連携のスキームを組んだ。

このスキームから生まれた代表的な取組みを、いくつか紹介しよう。

・スカイプで海外とつなぎ、外国人講師と1対1で英会話を学ぶ「One on One English」。
・地域の社会人も参加できるよう夜の時間帯で実施する英語でのアクティブ・ラーニング「Global Skills 科目群」。
・伊勢崎市教育委員会と実施する「海外研修サポートインターン」。本学の学生が中学生の海外研修を事前指導からサポートする。
・小学生が夏休みの2日間、大学内でグローバルをテーマに学ぶ「児童向けグローバルワークショップ」。学生たちが、4カ月前にゼロから準備をはじめるとても大変なプロジェクトだ。

これらの中で最も過酷なのが、「ミッションコンプリート研修」だ。これは、タイにあるサンデンHDの現地法人にて、社長からビジネスミッションを与えられ、制限時間内にコンプリートするという研修である。言葉が通じないアウェイでの市場調査アンケートやインタビューなどを通して、試行錯誤しながらも「自

Global Language Intensive	English for Global Issues I/II Business English I/II/III/IV Advanced Reading I/II Academic Writing 中国語a/b/c/d/e/f 米海外留学I/II/III	Speaking of Japan I/II 英語Debate I/II Advanced Speaking I/II One on One English 語学研修I/II/III/IV 中国語実践I/II/III/IV/V	Professional Presentation I/II Advanced Listening I/II Advanced Writing I/II 海外研修総合I/II/III 海外教育研修
Global Skills	Multi-Cultural Understanding Global Leadership I/ II スキルアップ中国語I/II	Multi-Cultural Communication Global Business Training I/II	Team Based Learning I/II Problem Based Training I/II
Global Project Work	Global Project Work I /II/III/IV/V （ミッションコンプリート研修等）		

図５　Global Career Training 副専攻

分たちに与えられた課題をどう解決していくか」を考え、行動する。もちろんコンプリートできない場合もたくさんあるが、悔しい経験をした学生たちは帰国してから自身で考える姿勢を持ち続けることができるという。

◆語学・教学・入試改革と短期海外研修参加率全国２位の多様なプログラム

クラス分けのためのプレイスメントテストを実施したレベル別英語クラスや、英語のみ授業の拡充、英語コースにおける海外留学必修化、厳格な成績評価やナンバリング、入学試験への外部試験の活用など、教務や入試の国際標準化も進めている。また、海外大学との協定やＭＯＵ（国際交流協定）の締結も20大学以上へと増加。それに伴い、各種の海外留学・研修プログラムも20数プログラムへと増えた。この結果として、海外研修参加者数も伸長し、「ＴＨＥ世界大学ランキング（国内版）」では、短期海外研修参加率が全国２位にランキングされている。

ちなみに、これらの取組みは、Global Career Training副専攻として、成果の科目に位置付けられている。

※Global Language Intensiveは、グローバル人材に必要な語学力を修得するための科目群。先述の「One on One English」などの一連の取組みもここに含まれる。

◆自治体と協働する地域主体の人材育成プログラム

「地（知）の拠点整備事業（大学COC事業）」は、「地学一体化加速プロジェクト：持続的『地（知）の拠点』創成へ」というタイトルで展開している。一般に、このような補助事業の採択を受けると学内に推進本部を設置することになるが、本学では前橋市と一体的に推進本部を設置した。本部長は副学長、副本部長は副市長と教育長が務め、両方の各部門長がメンバーとなる。互いに地域コーディネーターを置き、交流をしながらプログラムを創生、実施していく。プログラムとしては、たとえば、市の若手職員と市内の大学生が集まって街中の活性化に取組むものや、生涯学習課とNPOとコラボして子どもたちの街探検・発見・発信プロジェクトを展開するもの、また、福祉課とタイアップした中学生の寄り添い型学習支援や、サンデン環境みらい財団で早稲田大学、高崎経済大学、群馬大学、そして本学の学生たちとサンデンの若手社員が一年間かけて環境をテーマにPBL（問題発見・解決型学習）を実施するものなど、多岐にわたる。これらのプログラムは全て単位認定できるよう制度設計されている。大森先生は、「地域が本当によく学生を育ててくださっています。地学一体という方針は、大学だけでは実現できない教育を学生に提供できる、素晴らしく効果のあるものだと認識しています」と語る。

さらに、新たな取組みとして、「サービスラーニングターム」という制度をつくった。いわば、地域留学とでもいうべき制度で、企業や自治体に4か月間インターンに行ったり、山間地域の限界集落に入り込んだりするプログラムを受けることにより、半年間大学に

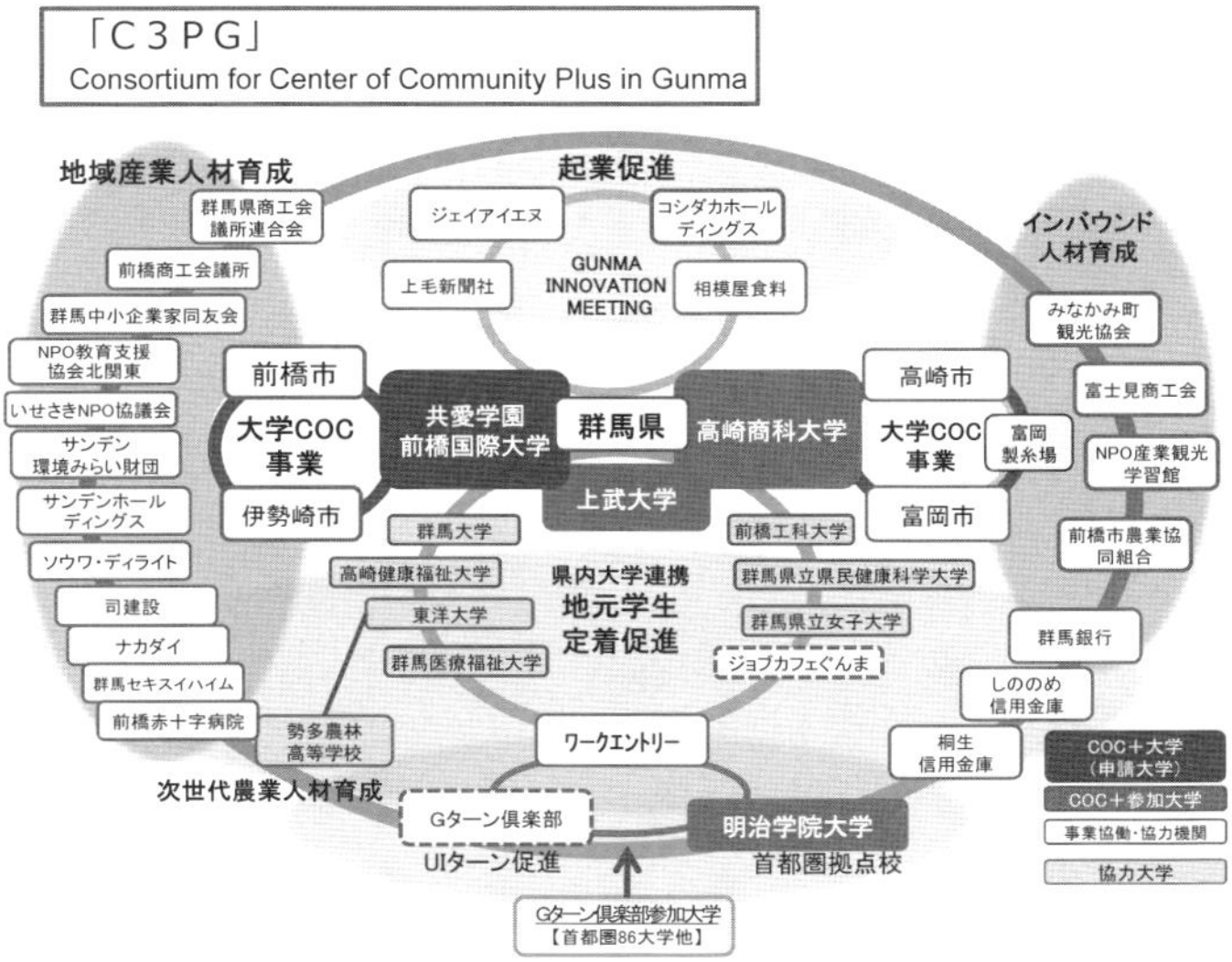

図６　地域人材を育てる高校・大学・企業の接続プログラム

来なくてもよいというものだ。これらのプログラムを、Regional Career Training 副専攻にまとめ、正課の科目として学生に提供している。

◆若者定着に向けた「県域総ぐるみ体制」の構築

こうした取組みをふまえて、「地（知）の拠点大学による地方創生推進事業（COC+）」が動きはじめた。「持続的地方創生共同体形成プログラム‥若者定着県域総ぐるみ計画」と題して、群馬県をはじめとする自治体や経済団体、そして多くの大学の協力を得てコンソーシアムをつくった。そこでは、どのように地域人材を育成するか、若者を地元に定着させるかということを議論している。

また、Uターンを支援するために、東京の明治学院大学もこの組織に加わり、本学と明治学院大学との間で「地方創生志向国内留学制度」を整えた。これは、明治学院の学生が群馬県に戻って就職活動をする際に、本学の授業を受けて卒業単位とできることや、本学の群馬県内で育ってきた学生が一定期間東京の大学に通うことができる仕組みだ。

さらに、これまで、地域人材育成を考えるとき、高大接続や産学連携はなされてきたが、本来、若者の学びは、高校、大学、社会人とで途切れることなく連続していくものである。そのことを踏まえて、高校教員や地元の企業人、そして本学の教職員とで地域人材育成協議会を立ち上げて、地域人材の素養や、その育成プログラムについて議論を重ねている。

写真　KYOAI Commons

◆アクティブ・ラーニングを主軸にした授業の質保証

本学では、８割前後の授業で、何らかのアクティブ・ラーニングを取り入れている。

写真　KYOAI Commons

２０１２年には、アクティブ・ラーニング専用の校舎「KYOAI Commons」を建てた（前述した、学生が運営するカフェを備える）。

「実はこれまで、『アクティブ・ラーニングを導入しよう！』と、発信したことはありませんでした。『学生中心主義』を実現しようとした結果、自ずとアクティブ・ラーニングにたどり着いたという表現が正しいと思います。このように、学生のことを考えていく中で、教育活動が自然と充実していきました」

現在は、アクティブ・ラーニングを改めて学びなおしたいという声が教員の中から挙がり、ＦＤに取り入れている。

◆ポートフォリオとショーケースを一体化して学生の成長の証を残す

こうしたさまざまなプログラムによる学修成果を、いかにして可視化していくのか。その手段として本学では、KYOAI Career Gateと名付けたポートフォリオシステムを開発した。学生は、授業のみならず、地域活動、海外経験、ボランティアにアルバイトまであらゆることをこのポートフォリオに蓄積する。そして、それをエビデンスとして、学修成果指標に即した自己評価を行う。本学では、エビデンスベースの自己評価による自律的な学修者の育成と成果の可視化ということに取組んでいるのだ。さらに、ポートフォリオに蓄積されたふり返りは、学生が選択すれば社会に公開することがでる。これを、「ショーケース」と呼んでいる。就活の際、自分のショーケースにリンクするURLをエトリーシートに貼るなどして、「4年間の活動はここを参照してください」と伝えられるのだ。学生と企業のマッチングがより重視される中で、ショーケースは有効なツールといえるだろう。

学生にとっては、1年次からの積み重ねと自分の成長の証しが就職活動の際のPRにつながるので、ポートフォリを記入するモチベーションとなる。大森先生はこうした活動により、長い人生を支える力も養えると考えている。

「自己分析をしてふり返りをすることが、将来学び続ける人になる最初のステップだと考えています。さらに、就職後、あらゆる仕事に対して意味づけする力もこのふり返りによってなされます。『いわれたことをする』のではなく、どんな意味があるのかを見出し、意義づけする。それができれば、人生が豊かになると思っています」

◆ルーブリックを用いた自己評価で学修成果指標「共愛12の力」を育成

学生が自己評価していく基準となるのが、学修成果指標「共愛12の力」だ。本学の理念、目的、ディプロマポリシーなどから導き出し、地域産業界の意見も聞いて策定した。そして、この12の力のレベルを評価するために、KYOAI Common Rubric【図7】もつくられた。学生たちは、KYOAI Career Gateに蓄積したエビデンスをもとに、このルーブリックを観ながら、12の力それぞれについて、毎年度自己評価をし、教員とのリフレクションを通して、その精度を高めている。

4年間で、グローカルリーダーへと成長した学生たちは地域に就職していく。特に最近では、ものづくり企業に採用されるケースも増えてきた。地元のものづくり企業は海外とのやり取りに追われており、そうしたところに本学の学生が採用されて、地域のグローバルを牽引している。また、グローバルな経験を経て地域で起業する学生も出てきた。こうした卒業生は、4年間の学びを経てビジネスプランを考え、地元の企業の支援の結果、起業までたどり着いたのだという。

◆10年後を見据えた高度教育プログラムと職員研修がスタート

「これまで本学の状況は、10年サイクルで変わってきました」と大森先生は語る。20年前は大学の形を整えながら定員割れで悩み打ち手を模索していた頃、10年前はグローカルを軸にした教育が回り出したタイミングだといえる。そして、これからまた新たな10年に入る。

そこで、企画として打ち出したのは、「KYOAI Glocal Honors」だ。これは、入試から教育まで専門性をさらに高めるグローカルリーダーを育成する高度教育プログラムだ。「国際社会・地域共生の視点」「課題解決・社会共創の視点」「Glocalの視点」を積み重ねながら、次世代のリーダーを育成する。2018年度入試から募集が開始された。センター試験で、英語、国語、数学と理科または社会の4教科を受験し、さらに面接も課される厳しい入試であるが、合格した学生は「オナーズ生」として、海外研修や上級公務員講座の費用が免除されるほか、特別なゼミが一年次より用意される。

そして、職員のリーダー育成も進行中である。「10年後研修」と銘打ち、若手が部門横断型でマネジメン

4の軸	12の力	12の力の定義	レベル4	レベル3	レベル2	レベル1
識見	共生のための知識	多様な存在が共生し続けることができる社会を築いていくために必要な知識	共生のための社会の諸課題に対応するための、新たな知見を生み出すことができる。	共生のための社会の諸課題について、知識を組み合わせて、自分の言葉で説明することができる。	所属するコースの専門的な知識を習得している。	文化、社会、地域、人間、自然、外国語に関する体系的な知識の習得に努めている。
	共生のための態度	多様な存在が共生し続けることを尊重する考えや行動	多様な存在が共生可能な社会のために、考え、学び、行動し続けることができる。	多様な存在が共生する社会の中で自分ができること、やらなければいけないことについて考えることができる。	授業や活動を通じて、社会が多様な存在で構成されていることを理解し、多様性を尊重する気持ちを持っている。	自分の態度や信念は他の文化やコミュニティの態度や信念とは異なっているという自覚をもっている。
	グローカル・マインド	地域社会と国際社会の関わりを捉え、両者をつなぐことで、地域社会の発展に貢献する姿勢	地域社会と世界をつなぎ、自らが暮らしていく地域の発展に貢献するグローカル人材として活躍していくビジョンを持っている。	地域社会と国際社会の関わりについて、さまざまな学びを通じて、主体的に考えることができる。	母国以外の政治・経済・文化・社会・歴史について知りたいという意欲がある。	自らの暮らし、学びの場である地域の経済・文化・社会・歴史について知りたいという意欲がある。
自律する力	自己を理解する力	自己の特徴、強みや弱み、成長を正確に理解する力	さまざまな経験を振り返ることを通じて、自分の特徴、強みや弱み、成長を客観的に表現でき、将来に向けての自分をイメージすることができる。	さまざまな経験を振り返ることを通じて、自分の特徴、強みや弱み、成長を客観的に理解することができる。	自らの興味関心や特徴、長所や短所について考えながら、授業や活動に取り組むことができる。	授業や学内外の活動を通じて、自分の興味関心のありかを確認したり、新たな興味の対象を見つけようしたりしている。
	自己を制御する力	ストレスや感情の揺れ動きに対処しながら、学びや課題に持続して取り組む力	ストレスや感情の揺れ動きと上手く付き合いながら、大きな困難に挑戦し、価値あることをやり遂げた経験と自信がある。	ストレスや感情の揺れ動きと上手く付き合いながら、困難な課題に取組み続けることができる。	達成が容易でない課題でも、最後まで粘り強く取り組むことができる。	設定した目標に向かって、取り組むことができる。
	主体性	人からの指示を待つのでなく、自らやるべきことを見つけ、行動する力	達成困難な課題であっても、解決のための方法を模索しながら、自ら動き続けることができる。	自らすべきことを見つけ、行動しその結果を振り返り、次の行動に活かすことができる。	指示を待つのではなく、自分の状況を判断した上で、自らすべきことを見つけ、行動している。	指示を待つのではなく、何をすればよいか、するべきかを見つけようとしている。
コミュニケーション力	伝え合う力	コミュニケーションにおいて、相手の意図を正しく理解し、自分の意図を効果的に伝達する力	レベル1～3を複数の言語で行うことができる。	適切なコミュニケーション・ツールを用いて、自分の伝えたいことをわかりやすく表現することができる。	コミュニケーションの状況や相手の立場を考慮して、伝達方法を工夫することができる。	発言や文章の論点を正しく理解することができる。
	協働する力	他のメンバーと協調しながら集団として目標に向けて行動する力	良いグループになるための条件を常に模索し、他のメンバーへの働きかけを通じて、グループの目標達成に貢献することができる。	多様な意見や立場、利害を把握した上で、グループ内の関係性構築に貢献できる。	グループでの自分の役割、責任を理解し、自分なりにグループに貢献することができる。	他者の発言をよく聞き、会話の流れをしっかり追いながら、グループに協力することができる。
	関係を構築する力	さまざまな他者と円滑な関係を築く力	自分とは異なる価値観や文化を持つ他者や、バックグラウンドが大きく異なる他者とも円滑な関係を築くことができる。	互いの状況や立場についての理解を深め合うことにより、相手と円滑な関係を築いていくことができる。	相手の状況や立場を理解し、共感を示しながらコミュニケーションすることができる。	自分の気持ちを一方的に伝えるだけでなく、マナーを守り、相手を尊重してコミュニケーションすることができる。
問題に対応する力	分析し、思考する力	さまざまな情報を収集、分析し、論理的に思考して課題を発見する力	必要な情報を効率的に集め、多面的視点から分析を行い、現実の、または学術上の問題について新たな課題を発見することができる。	情報・資料の分析を通じて、物事を多面的に見ることにより、問題の新たな側面を発見することができる。	自ら情報・資料を収集し、それらを論理的に分析し、考察することができる。	与えられた情報・資料を客観的に読み取ることができる。
	構想し、実行する力	課題に対応するための計画を立て、実行する力	現実の、または学術上の問題を解決するために、収集した情報や知識を活用しながら計画を立て、完遂することができる。	計画の進捗状況を確認し、必要に応じて計画を修正しながら、着実に実行していくことができる。	立てた計画を着実に実行することができる。	取り組むべき物事に対して合理的な計画を立てることができる。
	実践的スキル	現代社会において必要な基本的スキルと自らの強みとなる実践的スキル	問題解決に役立つさまざまなスキルを組み合わせて、状況に応じて柔軟に活用することができる。	自らの強みとなるスキルを身につけ、問題に対応することができる。	学びに必要な基本的な事柄を自らのスキルとして活用できる。	学びに必要な基本的な事柄（コンピュータの使い方やレポートの書き方など）を理解している。

図7　KYOAI Common Rubric（2018年版）

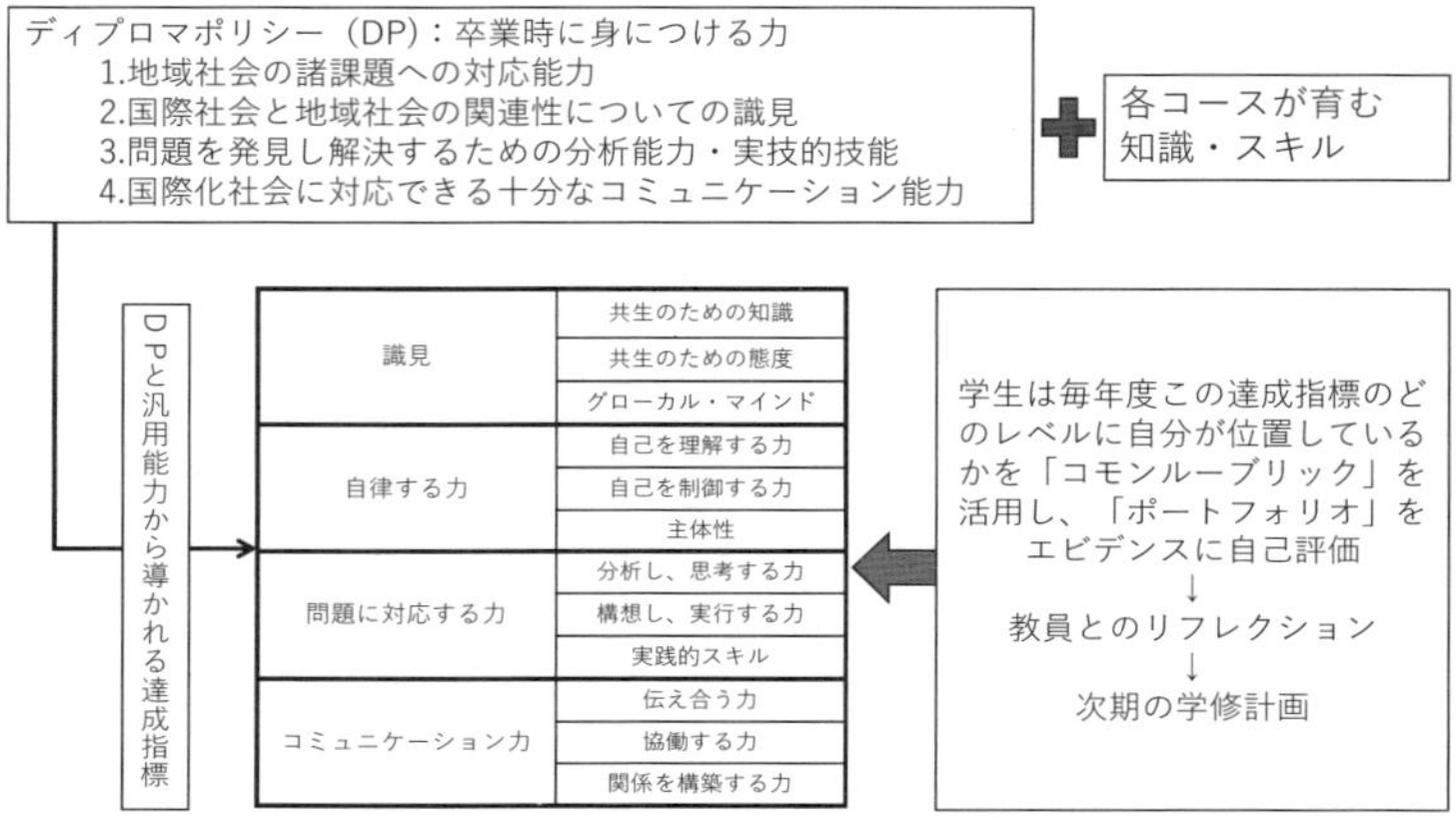

ディプロマポリシー（DP）：卒業時に身につける力

  1.地域社会の諸課題への対応能力

  2.国際社会と地域社会の関連性についての識見   ＋ 各コースが育む

  3.問題を発見し解決するための分析能力・実技的技能   知識・スキル

  4.国際化社会に対応できる十分なコミュニケーション能力

	識見	共生のための知識
		共生のための態度
		グローカル・マインド
DPと汎用能力から導かれる達成指標	自律する力	自己を理解する力
		自己を制御する力
		主体性
	問題に対応する力	分析し、思考する力
		構想し、実行する力
		実践的スキル
	コミュニケーション力	伝え合う力
		協働する力
		関係を構築する力

学生は毎年度この達成指標のどのレベルに自分が位置しているかを「コモンルーブリック」を活用し、「ポートフォリオ」をエビデンスに自己評価

教員とのリフレクション

次期の学修計画

図8　共愛12の力

トができる力を持てるような研修を実施しているのだ。

「本学には、教職一体で取組みを重ねてきた実績があります。しかし、その歴史に甘んじるべきではありません。もっと多様な可能性があるはずだと、私は思っています。そのためには、若手の力の底上げが欠かせません」

また、教育内容のブラッシュアップは一層続けていく必要があるとも語る。

「18歳人口は、確実に減少していきます。さらに、入試が変わり、大学の無償化が起こったらどうなるか？より教育の質が求められるようになるわけです。高校生には、共愛に入学した方が力を伸ばすことができる。そう思ってもらう必要があります。そのためには、教育内容の充実こそがなによりも重要なのです」

さまざまな取組みと地域人材育成によって、より地域に信頼される大学となった共愛学園前橋国際大学。日々の教育活動の積み重ねと不断のブラッシュアップこそが、選ばれる大学となった要因だ。こらからの10年、さらにどのような大学へと成長していくのか、注目だ。

教職員インタビュー

「学生中心主義」のビジョンのために有機的な教職協働が実現

共愛学園前橋国際大学では、日頃から新たな取組みや課題解決のために、ワーキンググループを組織して対応している。そこでは、個々が「自分事」として大学の諸問題をとらえ、教職協働で、プロジェクトを貫徹させる。こうしたブラッシュアップを短大からの改組当時から繰り返してきた。

３名の教職員に話を聞いた。


【教職員プロフィール】
・副学長　後藤さゆり先生
・国際社会学部長　村山賢哉先生
・総務課長兼学長補佐　是澤博氏

教職協働、若手抜擢はどうなされているのか？

―１９９９年に大学に改組してから、多様な取組みをしてきた共愛学園前橋国際大学ですが、赴任した当初の大学はどのような雰囲気でしたか？


後藤　私は13年前に本学に来ました。地域連携は既にスタートしていましたが、まだ取組みとして形になってはいませんでした。グローバルというのも、どう具現化するか模索中の状況。

小さい大学なので、何かをしないと地域にも高校生にも認めてもらえないという危機感はみんな持っていました。

空気が変わったのはＧＧＪ（経済社会の発展を牽引するグローバル人材育成支援）のタイプＢに選ばれてから。これに採択されると、５年間補助金を受けられます。そこから、どんどんチャレンジしていこうという雰囲気になりましたね。

村山　私は、着任7年目で、グローバルの方針が固まって波に乗った年に赴任しました。着任した頃は、「改革をすることが当たり前」という雰囲気でした。できないことや調整がうまくいかないこともありましたが、教職員全員が何かしなければいけないという問題意識は持っていました。

是澤　私は、短大から4年制大学になる過程も経験しています。短大から4年制にしたのは、県内では本学が一番早かった。その際に、大学や企業から定年退職に近い年齢の方を教員として呼ぶことになったのですが、それぞれバックグラウンドが異なっていて、カルチャーショックを受けたのを覚えています。

スタッフ会議は当時からすでにあり、開学時には大森先生が中心となってSAS（スチューデント＆スタッフ）という、学生・教員・職員の三位一体で大学をつくっていく会議が組織されました。

後藤　少しずつ教育改善を繰り返し、最終的にGGJ採択で大きく流れが変わったように思います。それまでは英語コースだけに留学の道がありましたが、いろいろなコースの学生がチャレンジできるようになりました。これには、学生がとても喜びましたね。さらに、GGJの中間評価がS評価になった際には、学外からも取組みが認められているという手応えを持つことができました。

トップダウンで改革をしていく大学が多いですが、本学は、「よいことはやったほうがいい」と教職員一人ひとりから取組みがスタートする。アクティブ・ラーニングも自発的に始まったんです。大森先生が音頭を取っていますが、その前提として「学生中心主義」の精神が根付いているので「大変でもやろう」というマインドになるのだと思います。

—若手を抜擢するなど適材適所に人員を配置する姿勢や教職の協働は、改組当時からあったのですか?

是澤　改組当時からすでにスタッフ会議はありましたが、大学の都合に合わせて何をするかではなく、学生のために何が必要かを考えようとしていました。職員としては、それまでにない文化なので緊張しましたね。実際に、「教員と職員が同じ立場なのは不服だ」と、はっきりおっしゃる先生もいました。２０００年から、教員と職員が同じ立場で参画するセンター制度が組織されました。当時30歳ちょっとの私は、学生センター長に任命されたんです。「勘弁してください」と何度も断ったのですが、教務に詳しい先生が急病になってしまったこともあり、私がやらざるを得なかった。若い時期に、責任ある仕事を任されたので、力はついたと思います。

村山　私は30代前半で学部長に立候補したのですが、それは大森先生から「やってみれば」と背中を押されたからです。年齢でいうと、私が学生と一番近い。「学生中心主義」なのだから、学部長が学生の目線でものを見られた方がいいと思っています。

後藤　私は以前中学校の教員をしていて、本学が大学としてははじめての赴任。一般的には教授会が決定権のある組織であることは知っていましたが、本学は組織が小さいので教職協働でやるのは当たり前と違和感なくすんなり受け入れられました。お互いが協力しなければ回らないですし、上下関係を重視していたら組織はダメになっていたかもしれませんね。

是澤　短大の時は、重要事項は教授会で決まっていたんです。そこから、スタッフ会議で職員にも情報が開示され、話し合いにも参加するようになると、自分事として捉える者が圧倒的に増えました。職員からも、「これまずいよね。なんとかしないといけない」という声が聞こえるようになっていきます。

また、教授会も理事会も今もありますが、その中で話し合われた議題・議事録は開示されています。情報をもらって、自分たちがどう動くのかということが迫られているように思います。

村山　しかも、部局長、センター長、コース長が集まる企画運営会議というものがあるんですが、そこには関心がある人は参加してＯＫなんです。若手も発言ができる雰囲気です。

後藤　これらの会議では、建設的な意見が出ることがほとんど。「大変になるから、やめてください」などとはいえない雰囲気がある。「大変だけれど、学生が喜ぶからやりましょう」という判断になるのです。

教育か？ 研究か？ 大学教員の役割について

―大学の先生の中には、「研究にもっと時間を割きたい」という方はいないのですか？

是澤　本学は開学の頃から、研究熱心だけれど、教えることが好きな先生方が多いです。学生に積極的に関わり、研究が大事だからといって、学生対応をおろそかにすることはありません。

後藤　本学にマッチする教員像があり、採用の時点でそういう人を採っているんです。私も採用される際に、「研究が大事だからといって、学生をおろそかにしないでください」といわれました。

村山　教員と大学側のマッチングを見極めるために、3年間の猶予期間が設けられています。その期間は、教員本人も大学側も双方に相性を確認し合っているという段階です。その3年間の中で、この大学の方向性をOJT的に体得していくのだと思います。

また、新任指導をする際に、アンケートを記入させて、「学生が一番」、「授業が一番」という考えにブレがないかを確認します。そして、コース長と学部長の2段階で新任者に指導をしています。

輩出したい人材像を明確にし新たなチャレンジへ

―「KYOAI Glocal Honors」の取組みは、先生方からボトムアップでスタートしたと聞いています。どのような経緯があったのでしょうか？

村山　体系立てて、より効果の高い教育が行える仕組みとして、グローカルリーダーを育成する高度教育プログラムである「KYOAI Glocal Honors」をスタートしました。執行部の会議で発案して、２０１８年度から導入されました。1年で実行フェーズにまで漕ぎ着けたのは、小さい組織ならではだといえるでしょう。

後藤　新たな取組みに対して、マイナスな意見はありませんでしたね。むしろ、「やった方がいい」と背中を押してもらいました。

「KYOAI Glocal Honors」の設計により、輩出すべき人材像を明確にできたことも大きなメリットでした。「地域に対してやっていくべきこととはなにか」という理念を、明確に打ち出すことができました。

村山　本学は、1学年２５５人定員。教員も学生同士も顔と名前が一致している規模感です。「あの子みたいな活躍ができると、このオナーズプログラムは価値があるよね」と教職員間で具体的な学生像をイメージしながらプログラムを整備しました。これは、教員だけでは絶対に無理。教職一体でワーキンググループを立ち上げて進めたからこそ、この速度で実現できました。

是澤　職員は通常業務にプラスして、ワーキンググループに入り横のつながりでも仕事をしています。私たちの世代は定員割れの時代を経験しているので、「何かをしていかなければいけない」という危機感が常にある。しかし、それだけでなく若い人たちにも「自分たちで何かをしよう」という積極的な姿勢がある。失敗を恐れてやらないということは、基本的にありません。

後藤　走らないといけないと全員がわかっている感覚はありますね。

村山　私は、「大学の教員になるならここしかない」と思ってきました。なぜならば、自分が授業を持っていない学生でも、「こんにちは」と挨拶をするんです。少なくとも、私が通っていた大学では考えられなかった。この大学の雰囲気を守っていきたいという思いを強く持ったのでここにいます。だからこそ、学生のために常に新たなチャレンジをしていけるのだと思います。

後藤 教職員と学生の距離が近いんです。学生が留学を「やめておく」といったら、「もう1回考え直したほうがいいんじゃない？」と職員が一緒に考えます。職員が教員と同じ方向を向いて、学生を育てようとしてくれているのは本学の大きな特徴です。

村山 オープンキャンパスでは、学生が仕切ることが多いんです。教職員と一緒になって、高校生を迎えている。高校生は、「この大学に入ると、こういうことが起こるんだな」と学生の姿を見て理解します。教員、職員、そして学生が、一緒になって大学をよくしていこうという意識が強いのだろうと思います。

是澤 毎年、学生満足度のアンケートを取っていて、その中で、「掃除が行き届いて気持ちがよかった」など書いてくれる学生がいる。そうしたコメントは、清掃係の方にフィードバックしてもいます。みんなで褒めあって、パワーの交換をして、学校をよくしているんです。

COC＋の拠点として、さらに地域の中の大学へ

―地域との関わりを教えてください。

後藤 ＣＯＣ＋（地（知）の拠点大学による地方創生推進事業）の拠点に選ばれたことは地域との関係性を深める上でとても大きなターニングポイントとなりました。地域と大

学の「連携から一体化へ」と歩を進めることができました。

地域でのインターンシップや地元の商品開発のプロジェクトなどを通じて、学生を応援してくれる方々はぐっと増えました。学生の発表会の際には、市役所の方が仕事を欠席してまで、かけつけようとしてくれているほどです。

村山　学生の中には、入学当初、社会はコンピュータと簿記でできているかのように、人との交流を避けている子がいます。しかし、1年生の授業の中で地域の人たちと交流すると、コミュニケーションが大事なのだと気付いていく。地元企業の社長さんなどと話し、ビジネスや人との対話の楽しさを知り、どんどん変わっていくことができるのです。そういう地域の中で成長する仕掛けを、さらにたくさんつくっていきたいと思っています。

後藤　最近では、入学段階から積極的に地域での活動をしたいという学生も入ってくるようになりました。「いつ勉強しているの？」というくらい、地域の活動に関わっている。高校生にも、地域での活動ができる大学だという評判が広まってきているからこそ、選んで入学してくる学生が出てきたのでしょうね。

リーダーとともに新たな挑戦をし続ける

―共愛学園前橋国際大学において、リーダーシップはどう機能してきましたか？

村山　大森先生は、一つひとつの指揮命令にビジョンがあるように思います。指示一つひとつが、目指したい像に向かって動くためのものなのだと感じることができる。そして、現場の教職員に権限委譲し、任せてくれています。大学全体の方針は大森先生が舵取りしますが、個々のワーキンググループはそれぞれ自由に意思決定しています。

たまに、リーダーシップについて、「権限の委譲」と「丸投げ」の違いを尋ねられることがあります。本学でなされている「権限の委譲」は、最後の責任は大森先生がとってくれるということです。「丸投げ」ではないので、安心感がある中で、チャレンジができるのです。

後藤　私は、文科省の補助事業の窓口を担当していますが、「KYOAI Glocal Honors」をやりたいというと、「後藤先生がやりたいと思うことをやってね」と大森先生にいわれました。これまで、反対されたことは一切ありません。大学をよくしようと思っての相談ならば、応援してくれるという印象です。

是澤　「地域との接点を持たないと大学は存続しないのでは？」という思いから、地域共生センターを設け、国際社会学科で共通カリキュラムをつくったりコース制を導入したりしたのも大森先生です。いつもプレイングマネージャー。そういう方だからこそ、現場の教職員がついていくのでしょうね。

村山　でも、たとえ大森先生がいなくなっても、「学生中心主義」の方針がブレることはありません。「大森先生がどう思うかな？」という視点ではなく、「学生は喜ぶかな？」という点で判断しているので、迷わず進み続けることはできると思うんです。

――今後どのような大学づくりをしていきたいと考えていますか？

村山　多様な学力層の学生が入ってくる中で、全体をどううまく育てていけるかがカリキュラムづくりの山となるだろうと思っています。我々が育てたい人材像から紐付いてカリキュラムを練っていきたいと考えています。また、これからは個が求められる時代ですから、学生達が自分を強く持って飛び出していけるようなプログラムにしていきたいですね。こうした方向性を実現すべく、カリキュラム検討委員会を立ち上げる予定です。

後藤　現在、有名大学は単にいい企業に入るためのステップになっているように思います。そこで自分の未来を切り開けると思って、有名大学を選んでいる学生は少ないのでは？　本学は、「自分の住んでいる地域をこうしたい」そんな思いを抱き、その実現のために働きかけられる学生を育てたいと思っています。これが実現できれば、「地域のための大学」という信頼をさらに勝ち得ていけると思います。

是澤　本学園は、こども園・小学校・中学校・高校・大学を有しています。これからは、学園全体がさらに協力し合いながら一貫教育で子どもたちの力を伸ばせるようになっていきたい。たとえば、「前橋国際大学に行きたいから共愛学園中学校に行く」という流れをつくりたいんです。そのためには、入学したいと思える大学であり続ける必要がありますね。

―共愛学園前橋国際大学では、教職員一人ひとりが前を向き、「学生中心主義」の実現に邁進している。

学生インタビュー

4年間海外や地域と関わり、グローカル人材として羽ばたく学生たち

共愛学園前橋国際大学では、海外や地域と密接に関わるプログラムが各種用意されている。それらの活動に積極的に参加していた4年生の大森愛夏さんと工藤龍廣さんに、プログラムの体験談と実際にどのような成長を実感しているのか、話を聞いた。

【学生プロフィール】
大森愛夏さん（4年生）
工藤龍廣さん（4年生）

印象深い大学4年間の学び

―大学生活で印象に残っていることを教えてください。

大森　1年生のときにタイのバンコクで行われた「ミッションコンプリート研修」に参加したことです。この研修では当日にいきなりミッションが与えられるのですが、これを達成するのがなかなか大変なんです。たとえば、1日目のミッションは「タイ語で笑いを入れて自己紹介する」というもの。しかし、タイ語はできませんでしたし、さらに運悪くタイで携帯を壊してしまいアプリで翻訳することもできなくて困り果てました。結局、現地のお店で英語ができる人を見つけて、押し掛けて教えてもらいました。それで、何とか乗り切ることができたんです。

2日目は現地の企業の方から、「ラーメン屋さんで、ランチタイムの後にお客様を増やすプロモーションを提案する」というミッションが出されました。お店のお客さんにインタビューやアンケートに答えてもらっ

た上で、「タイの人は辛いものが好きだから、辛いものの後にスッキリするアイスをセットでプレゼントする」というプランを発表したんです。でも、評価はイマイチでしたね……。実際にビジネスをしている人たちに納得してもらうことの難しさを痛感しました。

—ほかにも、学外の活動に参加することはありましたか？

大森　はい。４か月間の長期インターンシップに参加しました。参加の理由は、就活を意識しはじめる中で、社会で働くイメージがまだ持てていないと感じたのと、自分をＰＲする材料が少ないと感じたからです。これは12単位ほど授業単位にもなり、大学がインターンシップをバックアップしてくれる制度になります。正直、午前中会社に行き、午後は大学に行くという日もあって、クタクタになることもありました。きちんと業務を果たせないこともあって、大学で泣いてしまったり、学生でいる方が楽だなと思ってしまったりすることがあったのも事実です。

でも、数日間のインターンシップなどとは違い、仕事を任せてもらえて、それがうまくいったときにはすごく嬉しかったです。今では、社会人１年目の時に心に余裕が持てるので、参加して本当によかったと思っています。

—工藤さんは、いかがでしょう。

工藤　３年生で参加した経営ゼミ（村山賢哉先生担当）は、大きな成長を感じられるものでした。このゼミでは、僕たち学生だけでビジネスモデルを考えます。ゼミの授業時間だけでは足りないので、毎日アンテナを張って、ピンと来たアイデアを書き留めてはプランを構築していました。

出てきたアイデアを企画書に落とし込むときも、体裁面やどんな情報を織り込むかなどを真剣に考えました。練られていない企画を持っていくと、先生から厳しい意見をいわれます。おかげで、就活の面接も怖くなくなりました（笑）

最後に発表するときにも、「このスライドは何を伝えようとしているのか」ということをきちんと考えて、ビジネスモデルや販促プランなどをストーリーで語らなくてはいけません。ゼミでは、アメリカのＵｂｅｒ（ウーバー）社などを参考にしながら、学生と先生が一緒になってビジネスモデル検討に取組んでいました。

—工藤さんは、どのようなプランを発表したんですか？

工藤　若い人に向けた「エンディング教育事業」というプランを立てました。突然死も増えているなかで、いきなり喪主になっても何をやるのかわからないという課題の解決を目指すビジネスです。このプランで起業家を発掘する「群馬イノベーションアワード」に出場して、大学生部門賞をとることができました。

この受賞特典の中に、「起業家と行く米国シリコンバレー研修ツアー」というものがあったので、渡米してＵｂｅｒの本社などを訪問することができたんです。アメリカの起業文化について肌で感じることができ、たとえば失敗を恐れて何もしないのではなく、まずはやってみる「オプトアウト思考」についても学ぶことができました。

その他にも、「バーチャルカンパニー」という、商品開発から販売までひと通りのことを体験する授業で考えた事業プランもあります。この授業でも、基本的には学生だけで考えて動く。ビジネスマナーや商談の作法などは、実地で学んでいきました。

「バーチャルカンパニー」の授業の中で商品化したものが、「ぐんまのすきやきまん」というすき焼きを詰めた肉まんと、郷土料理を再現した「小切古味～おっきりこみ～」です。前橋市内の食品会社さんと共同開発したもので、今も流通していますよ。こんなふうに大学にいながらにして、ビジネスを生み出す経験ができることは稀ですよね。

自身の成長をどう社会で生かしていくか

—お二人は、大学で学んだことを、どのように将来にいかしたいと思いますか？

大森　私の場合、まずは大学の活動を通じて色んな人と関わることができたことがよかったと思っています。頼りになる先輩や、大森学長や村山学部長のように学内の出会いもありましたし、学外の経営者など日頃お話する機会のない方との接点もできました。これは普通の大学では、できないことかもしれません。

あとは、バンコクの海外研修の他にも、関西国際大学の教職員研修でプレゼンテーションをしたり、オープンキャンパスで受験生に向けてコースの説明をしたりと、大学では色々な経験をさせてもらったので、挑戦する力がつきました。おかげで、思いつきで飛行機とホテルだけを予約してカンボジアのアンコールワットを見に行けるくらいに行動力がつきましたし、興味の幅も広がったと思います。

今はちょうど就活中なのですが、会社名にとらわれず幅広くいろいろな仕事を見ることができていることも、大学での経験があったからです。会社自体の魅力で就職先を選びたいと思っていて、私自身が「会社の取組みや製品の魅力を伝えたいと思えるか」を判断基準にしています。

群馬の会社の場合は、「どう地元に貢献できるか」という視点で会社を見ていて、たとえば医療機器の会社であれば、「地域に住む人たちの健康を支える仕事」というとらえ方をしています。

工藤　僕も、先ほど話したゼミやバーチャルカンパニーの経験があったおかげで就職活動を楽しめていると思います。いろいろな学生や経営者の方と話ができるのがおもしろいんです。また、群馬県庁や前橋市役所、中小企業家同友会による寄付講座なども豊富で、県庁の方や名だたる企業の社長さんとお話させていただいたことも今にいきていると思います。

こうしてふり返ると、大森さんと同じく、学生であれば普通は会うことのできない方々と多く接点を持てたことに大きな価値を感じています。僕はもともと違う大学を目指していたこともあり、実は入学した頃には大学に対して特段よいイメージは持っていなかったんです。でも今となっては、他の大学に入学していたら、こんな充実した大学生活はおくれなかっただろうなと思います。

先日、インターンとしてＮＲＩ（野村総合研究所）に行き、そこでは一緒になった東大生や京大生とディスカッションをする機会があったのですが、「ちゃんと話せているな。負けていないな」と手応えを感じて帰ってきました。

――学生たちは、共愛学園前橋国際大学で、確実にグローカル人材として育っている。本人たちが成長の手応えを感じて社会に羽ばたいていくことができていることが大学教育のもっとも大きな成果といえるのではないだろうか。

第 6 章

大学での専門教育を生かし
人間力育成のポリシーのもと
地域で活躍する人材を育成する

日本文理大学

NIPPON BUNRI UNIVERSITY

地域を支える人材を育てる教育プログラムと入試を設計

大学名：日本文理大学
設　立：1967年大分工業大学として開学
学　部：工学部（機械電気工学科、建築学科、航空宇宙工学科、情報メディア学科）、経営経済学部（経営経済学科）
学生数：約2,300名
所在地：〒870-0397 大分県大分市一木1727
Web site：https://www.nbu.ac.jp

日本文理大学は「人間力育成をベースに地域創生人の育成へ」を宣言している、2学部を有する大学だ。現在は、文科省の「地（知）の拠点整備事業（大学COC事業）」にも選定され、全国の大学から注目される存在となっている。

しかし、入学定員が充足したのはほんの2年前。大分県の著しい少子高齢化を直に受け、長らく定員割れを続けてきた。また、地域におけるイメージも芳しくなく、「選ばれない大学」となっていた。

強い危機感を抱いた教職員は、2003年から教育改革を断行。今、着実な取組みが結実し、やっと地域に必要とされる大学となった。

日本文理大学は、低迷期をどのように脱したのか？改革を第一線で推進してきた学長室長・教育推進センター長で工学部 教授 吉村 充功 先生に聞いた。

◆基礎学力のなさ、就職率の低下 選ばれない大学に

「1年ごとにどんどん学生数が減っていく、これではまずいんじゃないか」、2000年を過ぎた頃、日本文理大学の教職員は急激に入学者数が減り、定員割れを起こした大学の状況に頭を抱えていた。

吉村先生が日本文理大学に着任したのは、そんな窮地に追い込まれはじめた2003年であった。

＊

日本文理大学は、大分県大分市に位置する大学だ。前身は、大分工業大学。大分県内で最初にできた工学部で、県内の工業地帯開発に向け、技術者を育成することを目的につくられた。

50年以上の歴史を誇る大学ではあるが、その道のりは平坦ではなかった。１９９０年代は全国から学生を集めたが、２０００年頃から、経済の衰退に伴う就職率の低下、そして、全国から先駆けて起こる少子高齢化問題に直面。定員割れを招いたのだ。

大分県の高齢化率の高さ（30・４％）と年少率の低さ（12・７％）は、ともに九州一だ（２０１５年国勢調査）。大学業界では、「２０２０年問題」などといわれ、受験者数が激減することが危惧されているが、大分県ではすでにその渦中にある。

全国的にも学生募集が厳しくなった頃合いだが、日本文理大学の場合はそれが坂道を転げ落ちるかのような著しいものだった。２０００年に入った頃にはすでに定員割れを起こし、学部改組や入学定員の削減などを行ったが、好転する決定打にはならず、入学者数は減少の一途をたどった。

◆「出口」「入口」を固め大学のパワーアップを図る

２００３年、日本文理大学は「改革元年」を迎える。当時の学長が、「責任教育宣言」を出し、大学改革に着手することを大々的に打ち出したのだ。宣言の内容は、「個別指導も含めて、学生一人ひとりの教育に責任を持つ」というもの。学生の力をきちんと伸ばすことで、大学の魅力を高め、学生数激減に歯止めをかけようと考えたのだ。

その際に取られた手法は、大きく２つ。「出口固め」と「入口固め」だ。

「出口固め」とは、就職率の向上を意味する。まだキャリア教育という概念が大学に根付く前から、日本文理大学は大学卒業後を見据えた学生たちの支援に目を向けていた。というのも、就職率が急激に悪化し、学生が集まるような魅力を打ち出せていないという反省点があったからだ。

就職して、そこで、能力を発揮できるような人材を育成することが急務とされたのだ。

「もともと大学の創設の経緯から見ても、産業界の目線で学生を育成するという意向を強く持っている大学です。建学の精神である『産学一致』を重要なミッションとして掲げ、専任教員の2割を産業界から迎えているほどです。就職試験や就職後の活躍をきちんと意識して教育するということは、本学の存在意義として重要なことでした」

「進路開発センター」を設け、職員が中心になり、単純な就職支援だけでなく今でいうキャリア教育を充実させていった。初年次教育に、準必修科目とする形でキャリアアッププログラムを導入。続いて、1年生に担任制を入れ、1教員が15人ほどの学生に向けてキャリア教育を実施した。今のように、キャリア教育が広く行われている時代ではないため、教材はゼロから「進路開発センター」の教職員で制作した。

「担任制を導入し、キャリア教育もはじめるということで、最初は、教員から相当な反発があったようです。担任として、履修指導や面談、4年生になると就職指導なども入るので、負担が大きいのです。

しかし、実際に就職率がどんどん下がり、学生が集まっていない事実があるなかで、何かを変えなければ大学がよい方向に向かうことはありません。オーナーである理事長の意向の強さもありましたが、大学存続の危機感を共有する中で、少しずつ理解が促されていったといえるでしょう」

1年生で自己分析をし、2年生で業界研究に進むなどのステップを築き、全学年連続したキャリア教育を行えるよう整備した。

「出口固め」と並行して行われたのが、「入口固め」こと基礎学力の向上だ。「基礎学力支援センター」を開設し、今でいうリメディアル教育を行ったのだ。吉村先生は、2006年に30歳にしてそこのセンター長に任命される。

その当時、日本文理大学の学生の学力は大幅に低下していた。しかし、その危機感を学内で共有できていたかというと、「なんとなく学力が下がってきているのではないか」程度のものであった。そこで、2007年度の入学生全員に対して、入学直後に日本語プレイスメントテストを実施し、実態を見える化することにした。その結果、3割近い日本人学生が中学生レベルの日本語学力にとどまっている衝撃が明らかになった。

吉村先生は赴任直後からセンターでの基礎学力のテコ入れに関わっていたが、学生にいわれて衝撃だった一言が、「先生、僕、はじめて四捨五入がわかりました！」という言葉だ。

吉村先生は、今でも学生のその時の笑顔が忘れられない。この学生はこれまで、四捨五入を理解できるようになるまで教えてもらう機会がなかった。もちろんそれ以降に習う算数も数学もわからないまま過ごしてきた。「自分の力が伸びることをこんなに喜べる学生なのに、その機会を得ることができなかったのか」、吉村先生の心にその経験が深く刻まれたのだった。

「こうした学生に大学ができることとは何か？」、吉村先生はその思いを抱きながらセンターの教職員と基礎学力の向上に没頭した。

「赴任して学生たちと接して驚きました。勉強をする習慣がないので、講義が成立しない。工学部では数学、物理の知識は必須ですが、物理を履修したことがない学生はおろか、小学校の算数の時点でつまずいている学生もかなりの割合でいる状態でした」

基礎学力の低さは、在学中だけの問題ではない。社会に出た時に、彼らの活躍を阻む要素となりうる。

「学生たちを見ていると、『このまま卒業して社会で生きていけるんだろうか』と不安を抱くことが何度もありました。しかし、それは必ずしも学生たちだけの責任ではありません。話を聞くと、勉強する習慣もなければ、これまで面倒をみてもらった経験もない。『できないならできないでいいよ』という雰囲気で大学まできてしまったんだろうということがわかりました。

しかし、ある意味ではきちんと手をかけてあげれば、まだまだ成長する余地があるということ。『社会に出る前に、ここでなんとかしてあげなければいけない』、そんなふうに思っていました」

◆選ばれる大学になるために人間力育成に注力

出口と入口を固め数年が経ち、教員たちは手応えを感じていた。就職率は改善し、「就職に強い大学」というイメージを持ってもらうまでになったからだ。

しかし、学生募集に関しては、十分な成果は上がらなかった。特に、大分県内の高校生に「選ばれない大学」となった状態を払拭することは難しかったという。

「就職成果が出ても、一度ついてしまった悪いイメージを覆すことはとても難しいものでした。高校や地域から、とにかく信頼を失っている。必要なことは、本丸である教育内容にメスを入れていくことだと感じました。教育が変わっていくことで、ひいては大学のブランド力の向上につながるはずだと考えました」

ブランドイメージ向上のためにとられた経営方針が、教育理念の再編と「中期将来計画」の立案だ。2007年に創立40周年を迎えるにあたり、大学の存在価値を再定義することとしたのだ。

建学の精神に立ち返り、教育理念を「産学一致」「人間力の育成」「社会・地域貢献」の3つに焦点化。それを実現するための教育改革の第一歩として、教養カリキュラムの全面再編がトップダウンで進められた。

「『どんな人材を育成するか』というビジョンについては、『人間力を持った人材』と明確に掲げることにしました。今までは、専門能力さえ養えばいいとされてきた大学教育から大きく転換し、職業能力を持ち、地域・社会を支えられる人間力を持った産業人を育成する方針へと舵を切ったのです。『人間力』を持った『産業人』を育成するというのは、本学の建学の精神にもとづいたメッセージです」

「人間力」というキーワードは、2002年頃から政府の経済財政諮問会議をきっかけにその重要性が説かれはじめた。「産学一致」を建学の精神とする日本文理大学にとって、人間力の育成を標榜することは自然な流れではあった。しかしながら、トップから「人間力を重視する」「教養科目で人間力を養うカリキュラム案」という大枠は示されたものの、その運用は現場に任された。そのため、現場では大混乱が起きた。

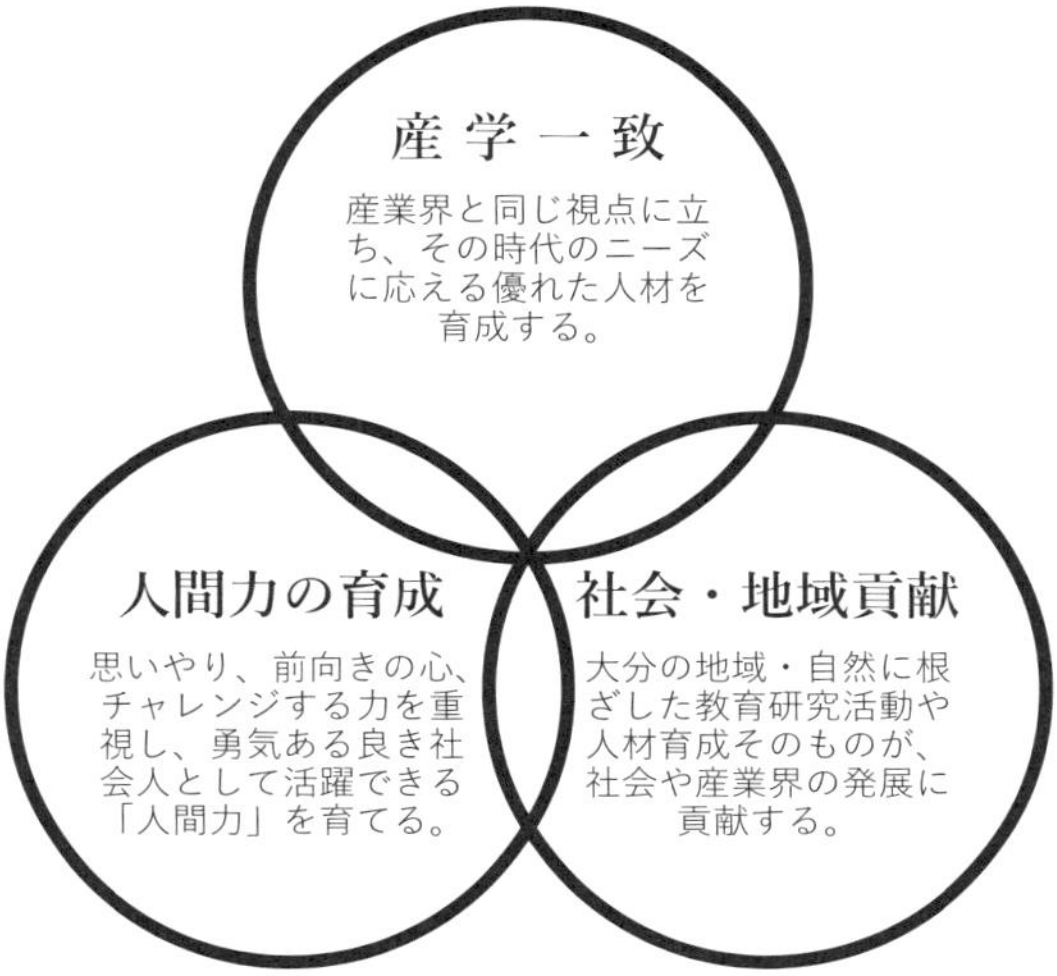
産学一致
産業界と同じ視点に立ち、その時代のニーズに応える優れた人材を育成する。
人間力の育成
思いやり、前向きの心、チャレンジする力を重視し、勇気ある良き社会人として活躍できる「人間力」を育てる。
社会・地域貢献
大分の地域・自然に根ざした教育研究活動や人材育成そのものが、社会や産業界の発展に貢献する。

図1　3つの教育理念

つまり、「人間力とは具体的にどのような力なのか？」という定義1つとっても多様な解釈がなされたのだ。

学内で議論した結果、人間力とは、人によってさまざまなとらえ方があることを認めつつ、本学が目指す人材像に則して、（1）こころの力、（2）社会人基礎力、（3）職業能力、（4）専門能力の4つの力を総合した力であると明確化した。

「当時は、こうした概念を整理することがとても大変でした。しかし、今ふり返ると、解釈や運用の余地がある状態で現場に任されたことは、改革をする上ではプラスに働きました。経営層が方向性を示し、実現する道は現場の教職員がつくっていくことで実効性のある取組みになったと感じています」

人間力の定義をベースに、2007年に人間力育成センターを創設。センターは、理念を実現するための正課での「人間力育成プログラム」の構築、推進に先導的な役割を果たした。人間力育成センターの大きなポイントは、教職協働だ。吉村先生は、立ち上げ当初から9年半センター長を務めた。

（1）こころの力
自然への畏敬、自分らしい生き方を考える力、相手を思いやる力 など

（2）社会人基礎力
前に踏み出す力（アクション）、考え抜く力（シンキング）、チームで働く力（チームワーク）

（3）職業能力
職業意識、実践力、情報スキル　など

（4）専門能力
各学科の専門教育科目で身につく力

図２　日本文理大学が定めた人間力の定義

「本学にはもともと教職協働の文化がありました。産業界からきた教員の割合が高いので、比較的、役割分担をしながらプロジェクトを進めることに慣れている人が多い。『人間力育成センター』についても、教職の協働により改革を推進することができました」

人間力をどう育成するか？ そのアプローチは多様にある。人間力育成センターでは、初年次の基礎学力支援に加えて、生きる意味を理解し、自己発見しながら将来を見据える「こころの力」と、社会で働いて生きていくための「社会人基礎力」を実践的に築いていくことを目指した。

「人間力育成センターの前進である基礎学力支援センターでリメディアル教育を進めていく中で、詰め込み的にやったところで、結局すぐに忘れたり拒否反応を強めてしまったりして、うまくいかないと感じていました。基礎学力がない学生たちと接していて感じたのは、『そもそもなぜ学ぶのかがわかっていない』ということ。主体的に取組む機会や、学んだことがいきるという経験こそ、大学が提供するべきことではないかと考えました」

その考察から生まれたのが、企業連携型や社会貢献型の課題挑戦プロジェクトの正課科目だ。人間力育成センターが軸になり、課題解決型学習を実施していくことで、大学に学生たちの居場所ができるということも期待した。とはいえ、新たな取組みをスタートすると反対勢力も出るものだ。

「学生の社会人基礎力の伸びをプレゼンテーションする経済産業省『社会人基礎力育成グランプリ』で特別奨励賞をいただいたり（２００９年）、九州地区大会で優勝したり（２０１１年）、全国大会に複数回出る経験をしたりしました。また、経済産業省の社会人基礎力育成プログラム開発のモデル校の指定を受けました（２００９年度）。

教育プログラムと学生の成長の両方で実績を学外に評価されたことにより、批判的だった先生たちも少しずつ変わっていきました。ついには、『うちの大学は、人間力育成でしか生き残れない』といいはじめたのです」

この当時の印象的な取組みの1つに、教学幹部と現場の教員の教育観の違いを見える化したことがある。

「もともと本学の教員は教育熱心で、ＦＤにも積極的です。２０１２年に実施したワークショップ型研修で、グループごとに初年次文章表現科目の授業デザインを考える取組みを行いました。そのときに、学生に何を重視して学ばせたいかという志向を明らかにするチェックシートを導入しました。その結果、現場の教員の大多数が『語彙文法志向』『学びの基礎志向』に手を挙げたのに対し、学長、学部長らの教学幹部グループはほぼ全員が『実用志向』に手を挙げました」

この出来事は、教学幹部から発する指示が「出口（就職）を意識したもの」であるのに対し、現場の教員は目の前の1年生に「必要な基礎学力をつけさせたい」と思っているという、ギャップを顕在化させた。

「立場により教育観が大きく違うことを『見える化』したのは、その後の改革を進める上でプラスに作用したように思います。教育観の違いをそろえることに注力するのではなく、それぞれの教員がどのような教育観を持っているのかを理解し、共有すること。それを認めて前進することが大切だとわかったのです」

こうして、大学の教育改革の大枠を教学幹部が示し、具体的な教育内容は現場がカスタマイズしていくという日本文理大学の改革の進め方が確立したのだ。

◆社会貢献意欲に応える大学カリキュラム策定

2014年時点で、基礎学力の育成や就職率の向上は、一定の成果を得ることができた。しかし、専門教育の改革はまだごく一部にとどまっていた。その専門教育改革の加速度を上げるべく、「地（知）の拠点整備事業（大学COC事業）」に申請。見事採択される。テーマは、「豊かな心と専門的課題解決力を持つおおいた地域創生人材の育成」だ。「地域×専門教育」の方向へ進む方向性がはっきりと示されたのだ。

「それまでも一部の教員は専門教育の中で、地域に出て、課題解決型学習を実践していました。さらに、人間力育成センター主催の正課外プログラムとして、里山保全活動なども行ってきました。地域の課題を解決する過程は、学生たちを急速に成長させていくと手ごたえを感じていました。また、地域の方々からも必要とされていると実感することが増えていきました」

地域活動に重きを置いた背景には、学生たちの素養が関係している。心の知能指数を測る「EQアセスメント」で学生の傾向を見ると、入学当初から「社会貢献志向」が非常に高いということが明らかになっていたからだ。つまり、日本文理大学の学生たちは元来「地域を何とかしたい」という気持ちを持っている。

一方で、どのように社会に関わるかという「社会意識」は入学当初は低めであるという傾向も見えた。

この結果から、「社会貢献をしたいけれど、どうしていいかわからない」という学生の特徴が見えてきた。

「大学は、学生が『どうしていいかわからない』部分をサポートするべきです。このエビデンスを見て、地域で学ぶきっかけをお膳立てすることが本学の役割だと思いました。そして、地域で課題解決型の活動を経験することで、『社会意識』が高まっていくというエビデンスも得ることができました」

「地域活動に力を入れている大学」というイメージが浸透する一方で、問題も出ていた。お祭りの手伝いや農業支援などは、たしかに地域の方々には喜ばれ

図３　学びを高度化させる学修サイクルの確立

る。しかし、ただ「若い力」を期待されているだけでは、教育効果が薄いのだ。単発で行ってきた活動を体系化し、教育効果が高いものとしていくために、教育プログラム全体を見渡す必要が出てきたのだ。

◆学生たちが主軸になって解決する地域の課題

大学ＣＯＣ事業を受けて、「地域志向科目」を設定。これは、「地域での体験交流活動」「課題解決に必要な知識の修得」「ステークホルダーによる課題解決型学修」の「学修サイクル」により、地域に愛着を持ち、主体的に課題を発見し、専門的課題解決力（専門知識を活かす力）を育む科目群だ。これを各学科のカリキュラムの中核に据え、学修サイクルの確立により、学生の学びを高度化させていく。

「体験活動を最初に持ってくるのは、社会貢献志向が高いという学生の傾向をいかすだけでなく、地域活動を通じて、学生自身が自分に足りないものを自覚する意味があります。つまり、体験活動により『なぜ学ぶ必要があるのか』という、学習動機の喚起につなが

小規模・高齢化が深刻な集落におけるコミュニティの維持・活性化	
1-1	豊後大野市大野町土師地区における住民と学生による地域コミュニティ維持活動
1-2	木佐上「まなび庵」～木佐上 IT 講習会～
1-3	留学生料理教室による佐賀関の交流会
1-4	豊後大野市大野町土師地区における地域体験交流活動研修『プロジェクト1』の取組み
1-5	高齢者向けものづくり教材の開発
1-6	豊後大野市ふるさと体験村における『建築マネジメント演習および実習』の取組み
1-7	豊後大野市大野町土師地区における『環境・地域創造演習』の取組み
1-8	地域と学生の協働による豊後大野市ふるさと体験村「開村式」の運営
1-9	佐賀関半島における地域体験交流活動研修『プロジェクト1』の取組み
人口減少社会を支えるための先進的な“ものづくり”	
2-1	『地域にいきるものづくり』を目指したプロジェクト科目の実践
2-2	ものづくりによる地域貢献 ～被災時避難所としての廃校活用提案～
2-3	生きがいのあるくらしを創るオープンイノベーションワークショップ
2-4	ロボメカデザインコンペ 2017 への取組みを通した地域課題への挑戦
2-5	地域経済を考慮した地域課題取組みに向けたプラットフォーム構築
自然の積極的な活要による保全と地域活性化	
3-1	佐賀関半島・触れる観光プロジェクト
3-2	地域資源を活用した地域観光プロモーションにおける需要予測に関する研究
3-3	豊後大野 PR 動画プロジェクト
3-4	豊後大野酒蔵巡りプロジェクト
3-5	豊後 DEN 説 2nd Generation
3-6	あそぼーい! ポストカードプロジェクト
3-7	学生の地域資源を活用した観光プロモーション活動におけるコースを横断した教育改革

商店街の活性化による地域振興	
4-1	地域企業向け「地域創生人材」育成のためのマネジメント実践講座
4-2	「シカケ」から見える地域課題 シカケプロジェクト
4-3	「おおいた地域創生リーダー養成講座 2017 in 三重町」の取組み
4-4	大分市佐賀関・関地区における『環境・地域創造演習』の取組み
健康増進及び生活支援によるコミュニティの維持化	
5-1	大学で楽しく学ぼう!! 小学生対象 NBU 体験教室 2017
5-2	豊後大野市内の小中学生における社会的スキルの学校規模による比較と予防的心理教育プログラムの展開
5-3	総合型地域スポーツクラブの教室・イベントを通した教育実践活動
5-4	地域住民を主体とした地域づくりによる介護予防に関する域学協働研究
5-5	地域住民主体の地域づくり支援
5-6	住民主体の地域活動について
NPO 法人の活動・経営支援	
6-1	地域活性化プロジェクト「楽．楽マルシェ」での取組み
地域ブランドの発掘による交流人口の増加･産業の活性化(6次化)	
7-1	動画ニュース制作「地域の芽、学生の目 NBU ビデオ通信」
7-2	交流人口拡大による佐賀関半島の活性化に関する研究
7-3	大分市佐賀関・関地区の地域課題解決を目指す「さがのせきローカルデザイン会議」の取組み
「おおいた、つくりびと」育成のための地域志向科目・正課外活動	
L-1	教養基礎教育における地域志向科目の全学必修化
L-2	身近な政策課題を題材とした課題解決型学修
L-3	地方創生のための学生目線による地域企業リクルートビデオ制作プロジェクト
L-4	小学生のお仕事発見ランド in 佐賀関
L-5	Kids Smile Project
L-6	ジェネリックスキル養成研修

図４　７つの地域課題プロジェクトテーマ一覧（2017 年度）

るのです。他の大学関係者と話をすると『マナーを身につけないと地域には出せない』という声を耳にすることがあります。しかし、まずはとにかく地域に出してみることが重要。地域の方には、『ダメな部分はダメと叱ってください』、『教育の一環として接してください』と、こちらからお願いします。地域と大学が一緒に学生を育てていく意識が大切です」

人間力育成センターが中心となって進める正課外活動もこれまで通り継続する。学生たちは、専門性をいかしながら、授業と正課外活動の両面で地域活動を行う。また、こうした活動は、行政やNPO、地域の協力者と連携して実施していくことも特徴の1つだ。

【図４】は、大学COC事業の中で現在進行している7つの地域課題とその基盤となるプロジェクトテーマだ。このテーマに沿って、現在は40を超えるプロジェクトが全学で稼働している。

実際の取組みの一部を紹介しよう。

プロジェクト1－6「豊後大野市ふるさと体験村における『建設マネジメント』の取組み」

写真　学生たちが協力して制作を行う

授業「建設マネジメント演習および実習」で行われる。人口153人、82世帯、高齢化率67％（2015年国勢調査）の土師地区の中心部にあるキャンプ施設「ふるさと体験村」で、施設整備を行う活動だ。建築学科3年生の学生たちが参加する。

「ふるさと体験村」は、小学生の体験学習などにも利用される地域内外の人が集う施設だ。住民の要望をヒアリングし、新たな魅力を打ち出せるよう、学生たちが、設計、資材表の作成、施工、原価計算という一連の施工の工程を経験する。下見から完成まで、約3か月間学生たちはグループで必死に制作に打ち込む。

2017年度は、五右衛門風呂、ロケットストーブ風呂、竪穴式住居内の靴箱、農業小屋の棚を完成させた。

こうした活動により、最初から最後まで自分たちで責任を持って、施工管理する学びを得る。「自分たちがつくりたい物をつくるのではなく、地域の要望に応えて建設するというのは、どういうことか」を学生たちは学んでいく。将来は建設業で現場監督を担う者が多い建築学科の学生にとって、貴重な実務経験だといえるだろう。

このように地域に関わる活動が、授業内外問わず年々増加している。2018年度は、全科目の約4割にあたる270科目が「地域志向科目」となった。すべての学生が濃淡こそあれ、〝地域〟に関わっているのだ。

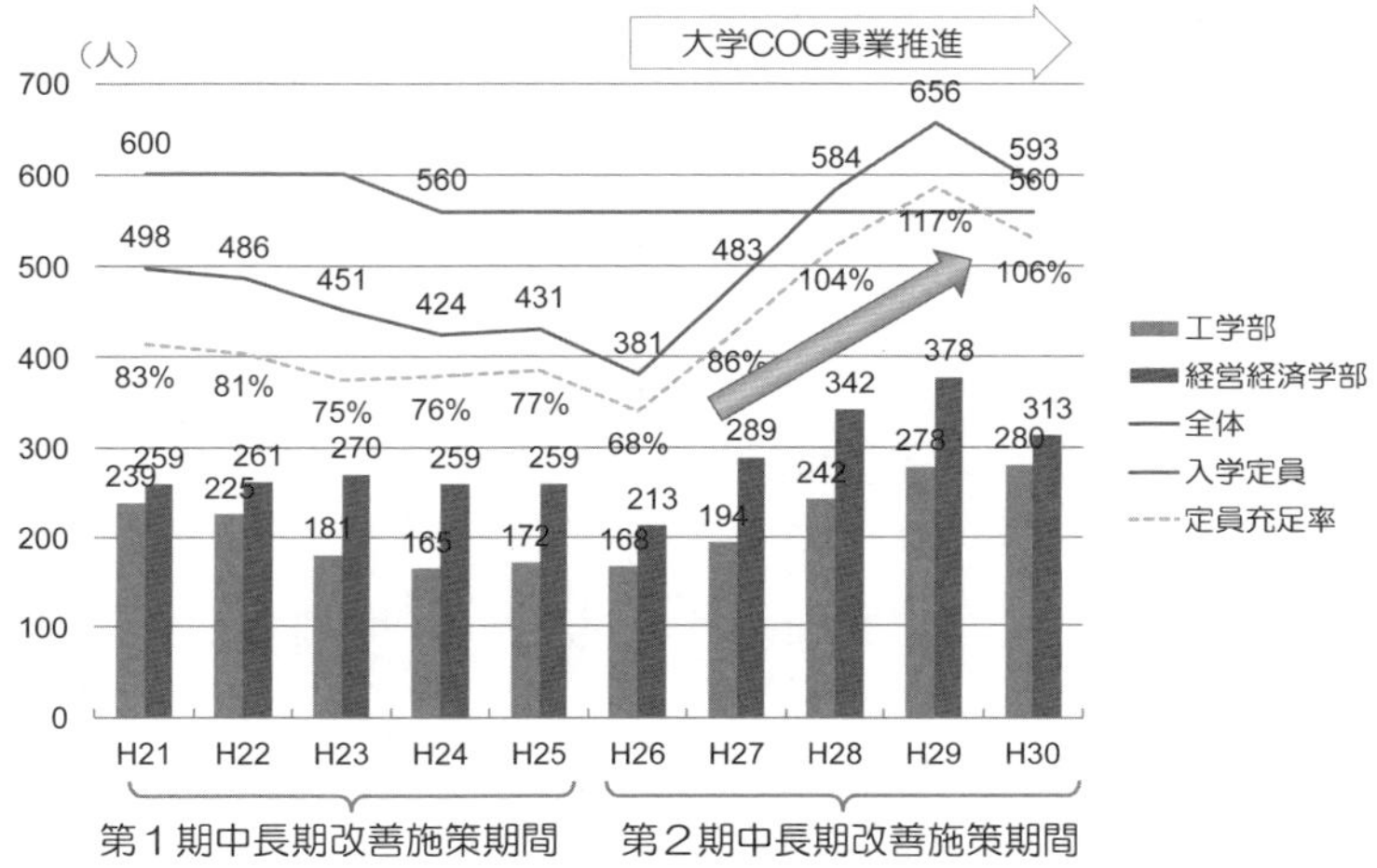

図５　入学者数の推移

◆入学段階でリーダーを育てる「地域創生人育成入試」を導入

「地域志向科目」が充実するのと合わせて取り掛かったのが、入学時点で地域活動志向の高い人材を採ることだ。日本文理大学は長らく定員割れの状態にあったが、２０１４年度の入学定員充足率68％を底に、大学ＣＯＣ事業選定後の２０１５年度から入学希望者がＶ字回復し、２０１６年度から3年連続で入学定員が充足した。さらに、教職員が喜んだのは、大分県内からの希望者が増加したことだ。

「大学改革を進めていく中で、地域からの見られ方を変えることがいかに大変かを痛感してきました。〝日本文理大学は学生を伸ばし、地域に貢献する大学だ〟というイメージが、県内に浸透してきたことは非常に感慨深いことでした」

地域の大学としての存在感が高まり、手ごたえを感じた上で導入したのが、「地域創生人育成入試」と名付けたＡＯ入試だ。

受験生は最初、どこに連れて行かれるかわからないまま、移動車に乗りこむ。大学ＣＯＣ事業のフィールドである佐賀関地区や豊後大野市などに行き、そこでフィールドワークをする。フィールドで見えてきた課題をもとに、グループワークし、発表にまとめる。

「移動の車に乗る時点で、『これは受験者同士でたくさん話をしていい入試です』と前提を伝えます。すると、車中で受験生同士が日頃どんな活動をしているか情報交換をはじめます。推薦入試を受ける生徒たちなので、多くが生徒会役員や部活動の部長などのリーダー。

しかし、グループにリーダーは一人で十分ですから、自分がグループワークでどのような役割を果たせばいいか、初対面の何気ない会話をヒントに受験生は探っていくのです」

この一連の活動は、教員が観察し、ルーブリックにより評価する。観点は、ディプロマポリシーと連動しており、本学が育てたい人材に合致しているかを規準としている。その後、小論文と面接を実施。すべてを総合的に判断して、合否を決定する。

特徴的なこととして、後日教員が高校に赴き、受験生本人と担任教師へ評価のフィードバックを行うことが挙げられる。ルーブリックの観点である「課題発見力」「協働力」「地方創生への態度」などをもとにした思考力・判断力・表現力（リテラシー）と主体性・多様性・協働性（コンピテンシー）の軸について、受験した生徒が今どのポジションにあるのかや自己評価との差を伝え、育成につなげていくことが狙いだ。まさに、入試を成長の契機にしていきたいと考えているのだ。

＊

２０２０年の大学入試改革に先んじて、大学の育成方針と求める人材像を強く打ち出した「地域創生人育成入試」。創立50周年を契機として、日本文理大学は、一体化させた入試と教育プログラムに自分たちの存在意義を込め、一層大学と地域の結びつきを強めていく。その姿から、私たちは新たな大学の価値を見出すだろう。

続いて、吉村先生と共に日本文理大学の改革を支える人間力育成センター長を務める高見 大介 先生に話を聞いた。高見先生は自らも日本文理大学の卒業生であり、職員として大学に就職。現在は教員として勤務している。

◆ゴーストタウン化した大学を改革、教員・職員・学生の溝を埋める取組み

—改革前の大学の様子を教えてください。

私は本学出身なのですが、在学当時は、教員・職員・学生という三者間の溝が大きかったように思います。卒業後、職員として就職し、5年間ほど勤務している中でも、三者間の溝は埋まっていませんでした。

教員と職員はお互いに、すべき仕事をしているのですが、コミュニケーションが密に取れているかというと、そうではない。一方で学生たちは、日本文理大学の学生であるということに、あまり誇りを持てていないという状況がありました。

—改革に着手したときの思いを教えてください。

それまでは、5限が終わると学生はすぐに帰ってしまうので、放課後のキャンパスがゴーストタウン化していたんです。ところが、学生活動が活発な他の大学は、授業に関係なく、キャンパス内で何かをつくっていたり、議論していたりする。私の後輩である本学の学生たちにも、そういう場や機会をつくりたいと、吉村先生と夜な夜な議論しながら考えていきました。

他の教職員から見れば、「時間外に何をやっているんだ。改革といって、幻想を追いかけているだけじゃないのか」というような印象も、あったと思います。

◆学生の貢献意欲に応えられる仕掛けをつくる「人間力育成センター」

—高見先生の在学中と今とでは、学生の特徴や姿勢は違いますか?

違いますね。私たちの世代だと大胆に行動するよう

なところを、すごく繊細に準備する。一方で、その反対もあります。これは社会を捉える感覚が少し違うのだと思います。

たとえば私たちや先輩方は、阪神・淡路大震災のとき、「大学にいても何も話は進まない、行けばニーズがわかる」と考えて、とりあえず被災地に向かいました。しかし、今の学生たちは、社会のニーズや、自分たちに一体何ができるのかということをきちんと議論した上で行動する傾向にあります。

彼らは決して、「何もしたくなくて動かない」のではありません。何かをしたいという気持ちは間違いなく持っています。東日本大震災のときは、「被災地にボランティアに行きたいんですが、どうすればいいですか?」と、大学に集まってきました。「ボランティアには行きたいけれど、被災者の方々に迷惑はかけられない」という強い思い。この被災地への配慮や失敗しないように石橋を叩いて渡る意識は、私が学生時代の時にはありませんでした。

最近はＳＮＳなどが発達し、成功・失敗事例などについて事前知識を得ることもできます。だから、なおのこと失敗したり迷惑をかけたりしないような方法で貢献したいと考えているのだと思います。

―そういった学生に対して、大学側はどのような対応をしていけばいいのでしょうか。

大学は、学生が行う正課外の活動であっても、学びにつながるものであれば積極的に関与し、提供する必要があると考えています。学生たちの学びたい、活動したいという気持ちに応えられるような取組みを設定することと、その取組みに参加する価値を我々が理解し評価してあげることを意識しながら、私は人間力育成センターを運営しています。

つまり、地域とのコーディネートだけではなくて、事前学習や事後学習もきちんと設定することで学生の学びを担保する。これが教育機関としての大学が社会貢献に関わる重要なポイントですね。

地域に飛び出そうとする学生たちも、社会で経験することで、深い学びを得ることを求めているのではないかというのが私の考えです。

い。

◆学生が入り込みたい地域、学びの多い地域になるよう働きかけ続ける

―改革を進めるうえでのご苦労があれば教えてください。

ターニングポイントは、大学COC事業の採択でした。私は、学生たちが自分の通う大学に胸を張れるようになってほしいとずっと思っていました。そのマインドチェンジが改革で成し得たい一番のことでした。

そのためには、大学が地域社会から持たれている印象を変えなければなりません。だから、とにかく学生を地域に出して、彼らの姿を見てもらおうと考えたのです。学生たちと実際に触れ合ってもらえれば、必ず印象が変わるはずですから。

狙い通り、それは一定の成果を挙げて、「学生にうちの地域にも来てほしい」という声をいただくことが増えました。しかし、問題も発生します。活動が根付きはじめると、地域の方々の一部から、学生を「安い労働力」ととらえているのではないかと思うようなオーダーが出てきたのです。重要な学びの場となる事前・事後の打ち合わせもなく、「当日だけ来てくれればいいから」といわれるなど、学生と地域の方々の活発な議論から生まれる化学反応を重要視していただけない案件が増えていきました。地域での活動を通して、高次元な学びに持っていけると思っていたのですが、私の考えるような単純なものではなく複雑で大きな壁があったのです。そこは、私の心がポキッと折れそうになったポイントでもありました。

―地域の方々に対して、どのように「学生たちの地域での学びの意味」を理解してもらったのですか。

一人ひとりに対して、「学生たちを必要としてください、そしてこの地域ではこんなことが学べるんだと学生に伝えてほしい」というところを熱弁して、ていねいに理解してもらうようにしました。機械的にさばいているだけでは、決してうまくはいきません。

いい続けていくと、「たしかに、学びは大事だよね。君たちが必要だと伝えないといけないよね」と理解し

てくださる方も多く出てきました。学びの場を提供するのが教育機関としての大学の第一の務めであり、その結果として地域貢献につながっていくという構造をつくっていくことが重要だと思っています。

最近では、公民館などで地域の方に向けてお話させていただく機会も出てきました。その時には、「若者と協働で地域をつくることはとても意味のあることですが、『大学生は暇だろう』と自分の若い時代の感覚で現在の学生たちの生活を決めつけていては、協働はできません。生きた教材があって、学生にとって学びの大きな地域になることが重要なポイントだと思います。さらにいうと、生きた教材というのは、そこに生きるみなさんの生き様なんです」といい続けています。

10年後20年後の未来をつくる教育に参画していただけるように、これからも働きかけていきます。

◆ハイブリッド車を動かす意識で、人間力育成センターを運営していく

―地域と連携して、教育活動をうまく循環させるためには、大学としてどのようなあり方が理想なのでしょうか。

大学のあり方というのは、自動車の安全な運行にたとえられると思っています。自動車は、ドライバー・ガソリン・エンジンの3要素によって動きますよね。優秀なドライバーというのは、教育活動をコントロールしていく教員。財源の確保やルールに基づいたクリーンな管理などは、クオリティーの高いガソリン供給にたとえられ、それを担うのが職員。エコと高出力を両立したエンジンが学生です。

そして、最近の流行りでいえば、ハイブリッドシステムというものがあります。この、効率的に制御されたモーターと電池アシストの役割を果たすのが、地域社会です。人間力育成センターの地域での学びはこの要素を意識して運営しています。ハイブリット車が主流になりつつある現在、大学における教育も地域のアシストが重要になっていると考えています。

―これから「人間力育成センター」で、注力するポイ

ントを教えてください。

今後の展望は、20年後に今の学生たちがどういう生活を送っているかというところまで考えられる組織になりたいと思っています。それには、学生の就職先だけ追うのでは不十分です。また大学は、学生たちが、各地域社会の課題を解決していく力を身につけられているかどうかを常に検証していくことが欠かせません。

そして、学んだことを、「アンラーン」できる仕掛けが重要です。ここでいうアンラーンは、「脱学び」ではなく、「学びほぐす」ことだととらえています。まず、地域社会の課題に直面しその課題を自分事とすることで「学びの必要性」を知る。そして学内で課題解決に向けた専門的な基礎理論を、「主体的な学び」で重ねる。そしてまた、地域社会に出て基礎理論のアンラーン（学びほぐし）を行い応用する。そこから新たな課題に向けて再学習し、地域と教室を反復するのです。学生たちが社会で生きていくためには、この力は絶対に必要です。

私が人間力育成センターでやっていきたいのは、このアンラーンへの仕掛けです。決められたことを遂行できるだけではなく、これからどう生きていけばいいんだろうというところを考えながら、必ずしも型通りではない答えを見つけていく。そのために、専門分野と社会を柔軟に接続させる力を身につけられる取組みを充実させていきたいと考えています。

職員インタビュー

教職協働の実現のために
職員はどのようなマインドを持って臨んだか?

日本文理大学の改革の推進は、教職協働に支えられている。そこで、20年近く職員の立場から大学改革を牽引してきた大学事務本部　大学企画業務担当　次長／教育推進担当　次長　釘宮　啓さんに、定員割れの窮地から現在に至るまでのステップをふり返っていただいた。

【職員プロフィール】
大学事務本部　大学企画業務担当　次長／教育推進担当　次長　釘宮啓氏

―改革前の日本文理大学は、どのような状況だったんでしょうか?

18歳人口がピークだった１９９２年の２０５万人の時期から、毎年急激に人口が減少し、わずか8年間で１５１万人となっています。本学はその18歳人口の減少の影響を大きく受け、２０００年に定員割れが生じてしまいました。

私は、２０００年から本学園に奉職することになり、最初は就職を担当する部署に配属になりました。

―当時、就職率は厳しかったんですか?

当時の国内は、バブルの崩壊後、就職難の時期でした。特に、２０００年は超就職氷河期で、有効求人倍率が１・０を下回っていました。本学もそのあおりを受け、就職内定率が低下してしまったのです。

就職試験は、求人が少なくなると筆記試験の「足きり」の基準が上がります。当時の本学の学生は、基礎学力が足りず就職試験の一次選考、つまり筆記試験で落ちる確率が非常に高い状況でした。活発な学生が多く、面接試験では評価が高いという傾向は見えていたため、学力の底上げは急務でした。

そのような状況を踏まえて、本学では「責任教育宣言」の下、２００３年に基礎学力補完のための「基礎学力支援センター」が設置されました。

―基礎学力支援センターがつくられてから、少しずつ就職率も回復していったのですか？

基礎学力支援センターは、まずは正課授業の前提となる基礎学力を補完することを目的としていたため、就職試験対策までは手が回っていませんでした。そのため、就職試験直前に慌てて駆け込んでくる学生が多くいました。そもそも学習習慣がついていない学生に対して、学習を強制したところで効果は上がりません。そのため、すぐに就職試験の突破に結びつくことはありませんでした。

―そこからどのように、基礎学力の育成と就職率向上を紐付けて取組んでいったのですか？

当時は、「何のために就職をするのか」、「将来、社会の中で自分の果たしたい役割」などを考えて就活をする学生はほとんどいませんでした。就職に対する動機づけができなければ、筆記試験を突破することもできません。そのため、本学は、２００３年に既存の就職担当から、「進路開発センター」に組織を拡大し、キャリア教育にいち早く取組んだのです。

さらに、他大学に先んじて、キャリア教育を正課科目に落とし込みました。センターだけの取組みで終わらせるのではなく、全学を巻き込んだ形での教育にこだわることで、着実な進路観の醸成を狙ったのです。

―他の先生方からの反発はなかったのですか？

「そんなの（キャリア教育）は、学問ではない」という声は、ありました。「キャリア＝就職」ではなく、「キャリア＝生き方」であるという理解を促し、キャリア教育は単に就職するためだけの教育ではないことを伝え続けました。大学での授業の意味をキャリア教育で見出すのだと進路開発センター教職員が一丸となってキャリア教育の意義を説いていきました。

揺るがずにキャリア教育を続けることで、教育の中で学生自身が変わる瞬間を目にした教員たちが、必要性を少しずつ理解していきました。

―キャリア科目では、具体的にどのような取組みがなされたんですか?

1年生で自己分析し、2年生で業界研究をします。今では一般的になったかもしれませんが、当時、他大学と異なっていたところは、担任制授業でキャリア教育を実施していたことでした。当時キャリアの専門家は外部でもまだ少なく、他大学では、企業の人事部出身者がキャリア教育の授業を担当したり、心理学を専門とした教員が主体となって取組んでいたりすることがほとんどでした。

しかし、キャリア教育とは、「自分らしい生き方を実現すること」が目的であり、その先の結果として就職先があるという考え方です。つまり、学生にとって一生を左右する非常に重要な学びです。そのため、1年生から学部学科の専任教員が親身になって学生のことを考え、本質的に面倒見のよい大学になるために、学生と共に教職員も成長していくことが必要だと考えたのです。また、全体の取組みとしては、自己分析や業界研究にとどまらず、企業や行政と協働し、企業課題挑戦型プログラムをいち早く導入し、今のアクティブ・ラーニング教育の基礎も築いていきました。

―人間力育成センターを創設する前の、人間力育成ワーキンググループから釘宮さんと吉村先生は一緒に活動されているんですよね。

はい。当時、私は進路開発センター職員としてキャリア教育を全学的に推進する立場にいましたが、『自己分析や業界研究だけでは、本質的な改善には至らない』と行き詰まっていました。吉村先生は、基礎学力支援センターのセンター長として、リメディアル教育に取組んでいましたが、学力の底上げには苦労しているようでした。

私たちは立場は違いましたが、共通課題として抱いていたのは「学生への動機づけの仕方」の難しさです。

学生に学問の必要性を認識させるためには、数多くの社会経験や教育の実践活動の場が必要です。アクティブな体験を通じて、机上では得ることができない学習環境を大学で整備することが求められました。その思いが、「人間力育成センター」の出発点でした。

―教職の協働を実現する上で意識していることはありますか？

私は、進路開発センターの後、学長室、その後教務担当を経て、現在の部署へと異動となりました。

　私のスタンスとしては、「どの部署においても、本学の教育理念を実現するためにどのように行動すればよいか考える」という点で変わりはありません。大学組織は前例主義にとらわれがちですが、構造を変えることで軌道に乗せる方法はないかといつも考えています。たとえば、教員の都合で時間割を調整するのではなく、教育理念を実現することを目的に組んでみる。学科を超えた正課外活動や地域実践活動を行いやすくするために、全学共通で正課科目を設定しない時間帯

である「実践型教育実施枠」を設定するなど、全学が同じ方向に向けるような仕掛けづくりをすることが大学職員の役割で重要な部分だと思います。

　先生方には、授業で十分力を発揮できるように意見を聞いて回ります。教育カリキュラムやプログラムは教員と共に検討しますが、授業内容など先生方の専門分野に口出しはしません。教員じゃないとできないこと、職員じゃないとできないことをまっとうすることが重要なことではないでしょうか。

　教職協働の場面では、「ここは教員から伝えた方がいいね」「ここは職員からの方が話が通りやすそうだね」というように、上層部に意見を通したり、現場に納得してもらったりするための最適なルートを一緒に探っています。一歩手順を間違えたらうまくいかない

ということもあるので、そこは慎重に協議しながら役割分担しています。

　何よりも大事なのは、教職員が目的を共有していることです。そこがぶれなければ、あとはそれぞれの専門性を活かして協業できます。教職協働のポイントは、目的を同一化して、それぞれの役割をリスペクトすることなのかもしれませんね。

行政インタビュー

学生が変化し、大学が変化し、地域が変化する。教育題材として地域を活用する利点

大学や学生が地域課題の解決に向けて一緒に取組むにあたって、行政の協力は不可欠だ。日本文理大学は、大分県庁と連携を密にすることで、学生の学びの深化と地域の課題解決や活性化を両立させてきた。行政から見た大学の地域とのよりよいかかわり方とは、どういったものだろうか。大学との連携を推進する大分県企画振興部 審議監兼政策企画課長、磯田 健さんに聞いた。

【プロフィール】
大分県企画振興部 審議監兼政策企画課長 磯田健氏

地域行政と大学と学生、三者の意向のマッチング

―当初、日本文理大学に対してはどのような印象をお持ちでしたか？

地方私立大学で理系、特に航空宇宙工学科という学科を持っている大学というところで珍しさを感じていました。一方で、非常に専門的な分野である分、行政や地域社会とはあまり縁はなさそうだな、という漠然としたイメージを持っていました。

―行政としては、それまで地域に対してどのような取組みをしてきたのですか。

大分県は九州の中では鹿児島県に次いで、小規模・高齢化が深刻な集落の数と割合が多い状況に置かれています。湯布院のように賑わいを見せるエリアもある一方で、数年後には村がなくなるかもしれないという地域も多く抱えているのです。

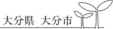

そこで県としては、平成20年を「小規模集落対策元年」として、小規模集落の維持・活性化に向けて取組む方針を打ち出しました。見捨てられようとしている地域に対して、よりシステマチックに支援をしていこうという方向に、舵を切ったのです。

—日本文理大学との連携は、どのように始まったのでしょうか。

小規模集落対策を打ち立てた際に、漠然と中山間地域に外から若い人たちを入れ、地域に活力を与えるという戦略は組み込んでいました。その段階では、日本文理大学のような航空宇宙といった専門的な分野を持つ大学が、地域社会の活動に関心を持ってもらえるとは思いもよりませんでした。

しかし、日本文理大学は、大学は地域に必要とされる存在であるべきだという発想を、行政が打ち出す前から持っていた。

「地域に貢献しつつ、地域の人々と多様な経験をしていくことで、学生の力は伸びていくはずだ」、そうした教育の観点から、地域の課題解決に興味を持ってもらえたのだと思います。

我々行政の立場からすると、地域に学生が入り、さまざまな角度から地域を盛り立ててくれることは、非常にありがたいです。

日本文理大学の立場からすると、大学経営の面から見て、地域から求められる大学にならなければ生き残れないという危機感もあったのでしょう。しかし、「生き残るために渋々やっている」という感じを受けたことは一度もありません。

学生が実社会に出る前の段階で実践経験の積める現場に行くことを、教育の一環として前向きに取り入れているのです。これは、正課の授業として組んでいるというのが、1つのコツでしょうね。正課にすることで、教員や学生に無理のないような仕組みにでき、効果的だといえそうです。

地域行政と大学と学生三者の意向のマッチングがあったからこそ、今とてもよい雰囲気で取組みを進められています。学生たちが、中山間地域に入り地域の方々が喜ぶ。そして、学生たちが自ら学ぶ、大学側も教育ツールとして地域のフィールドを活用する。これは、非常にありがたいことです。

学生の成長が、大学と地域の変化を促す

―行政として、大学との連携は重視していますか。

行政が大学と連携する時には、「地（知）の拠点」としての機能を期待しています。一方で、学生の持っている若い力が地域に入ってくるという側面も、非常に大きいと考えています。日本文理大学のような取組み方であれば、行政・大学・学生がすべてＷｉｎ－Ｗｉｎ－Ｗｉｎになるといえますね。

また、学生たちは日々の授業で学部の専門性を培っていることに加えて、地域での経験を積んでコミュニケーション能力を養うこともできます。結果的に、それらをもって地域社会に出ていくことになるので、社会を生き抜く力が育っていると感じます。

―地域の方々からは、どのような反応がかえってきていますか。

地域の方は、突然知らない人が来ることに対して非常に警戒します。そのため、最初の段階では自治体などの行政が間に入り、仲介をしていきます。慣れてきたら、我々は徐々に横から見守る体制になり、困ったことが出てきたらサポートするという関係性になっていきます。

中山間地域の課題は非常に重いので、「これをすれば解決する」「ここまでやればゴール」というものはありません。それでも、学生が地域に入り、場が活性化していることには意義があるんです。地域のお年寄りたちは、学生が来るのを心待ちにしています。活動当日に、集落の入口に集まって待っていたりする。

横たわる課題を解決することも非常に重要ですが、学生たちが地域の方々の生きがいとなり、精神的な活性化につながっているということも大変大きな意義なのです。

―地域との協働は、学生にはどのような効果があると

思いますか。

学生たちは、「信用されるためにはどうすればいいか」、「自分たちがこの地域のために何ができるのか」、「自分たちが学んできた専門知識をいかして貢献できることは何か」、などいろいろな方向で思案していきます。

そうすると、日常的に思考回路や行動パターンが変わっていきます。学生のそういった変化・成長を期待して、地域での活動に取組ませているのだと思います。そして、学生が変わることにより、歯車が動き出して、大学も地域も変わっていく。よいスパイラルが生まれていると感じます。

教育現場であり、地域の課題解決拠点である大学

―大学と行政が手を組んで取組みを進めるにあたり、ハードルはありますか?

ハードルは、少なからずあると思います。1つは、学生が来ていただければありがたい地域はたくさんあるのですが、そのすべてに足を運べるわけではないでしょう。しかも、現実問題として、学生の移動が伴いますから経費がかかります。この経費をどう賄うのかという問題がどうしても出てきます。活動するフィールドが増えることで、どう継続的に支援していくのかという問題は考えていかなければいけません。

もう1つは、当然のことながら学生は毎年入れ替わります。ところが地域とそこにいる人たちは、ずっと残り続ける存在です。取組みが継続すればするほど、学生と地域の人々の感覚のミスマッチが生じる可能性が出てきます。

―一朝一夕に解決する問題ではないと思いますが、少しずつ地域の変化は見えてきていますか?

地域に行き、現状や課題を知ると、そこにずっと関わっていたいという学生も出てきます。しかし、就職となるとなかなか難しい。

それでも、大学での活動をきっかけに、大分県内に

残って仕事をしながら、地域と関わり続けていくような人材が増えていけば、この取組みは成功だと感じます。東京の大手企業に就職したり、全国や世界を飛び回ったりするほうが、収入は多いかもしれません。それでも、学生の中から「地域で生きていく」という人生の選択肢が生まれていくことが非常に重要です。

多感な学生時代に目のあたりにしたことは、自分の人生をどう生きていくのかに大いに関わっていきます。もしかしたら、人生ではじめて真剣に考える機会になるかもしれません。そこで、「この地域で生きる」道を、選択肢として自然に持てることはとても豊かなことでしょう。実際に、地域で生きる道を選ぶ学生も出てきているので、それは我々としても喜ばしいことです。

—今後、日本文理大学との連携においての期待をお聞かせください。

1つ目は、大学教育の題材として地域を活用していただく活動を、一層充実させていただきたいと思います。2つ目は、大学の専門性をいかして、地域開発や課題解決する案件が一層出てくると、この地域に大学がある意義がさらに大きくなっていくはずです。

また、地域のニーズを知るなかで、起業する学生など、活躍する若者がどんどん出てきてくれるといいなと思っています。そして、たとえばその企業の製品やサービス、ネットワークなどが、その地域の人たちに還元されるようになっていくと、大学と地域の関係がさらに近づき、高いレベルのＷｉｎ－Ｗｉｎを築くことができます。これにより、日本文理大学の活動も盤石になっていくのではないかと考えています。

地域ＮＰＯインタビュー

大学と連携し、地域コミュニティをゆるやかにつなぐ、過疎地の未来図

豊かな自然と海産物に恵まれた、大分県大分市にある「佐賀関（さがのせき）」。佐賀関沖で一本釣りされるアジやサバは「関あじ」「関さば」と呼ばれ、水産物の高級ブランドとして知られている。

一方で、地域資源をいかしきれず少子高齢化が進み、コミュニティの維持が困難になりつつある過疎地でもある。そんな佐賀関で、高齢者や共働き家庭、子育て家庭を支援し、地域住民の福祉向上に寄与するべく活動を行っているのが「特定非営利活動法人　さがのせき・彩彩カフェ」だ。日本文理大学と連携し、地域への貢献活動に取組む同法人理事長　山田　悠二さんに話を聞いた。

【プロフィール】
特定非営利活動法人　さがのせき・彩彩カフェ　理事長　山田悠二氏

大学との連携で目指す、「持続可能」な地域づくり

―山田さんが運営されているＮＰＯ法人「さがのせき・彩彩カフェ」と、日本文理大学の連携が始まった当初は、どのような状況だったのですか？

今からさかのぼること、7年前でしょうか。「佐賀関」は、今よりももう少し活気があったんです。地域としてまだ体力が残っていた。「余力があるうちに大学と連携し、商店街も一緒になって佐賀関を盛り上げていこう」、そういう発想でスタートしたんです。

ただ、残念ながら、すぐに「無理だ」と気づかされました。待ったなしで少子高齢化は進んでいく。「元気にする」という観点ではなく、「過疎化をゆるやか

にする」「現状を維持する」というのが先決でした。

―いかに「持続可能な地域をつくっていくか」が、肝になったわけですね。

そうです。そんな状況下だからこそ、大事にしていたのは、学生たちを「労働力」としてだけでは使わないということです。たとえば、「佐賀関の漁場に人手が足りないから、手伝ってもらおう」というのは、本来の「学生たちの学びを深めるために地域に出る」という意図には反するでしょう。

私たちの事業組織であるNPO法人も「NPO＝ボランティア」だと誤解されてしまうことがあります。でも、決してボランティアではない。「一過性のお手伝い」ではなく、NPO法人と自治体、住民がお互いに協力し合い、学び合いながら、課題を解決していくことが大切なのです。学生たちにも、地域に溶け込んで、学びながら自由に動いてほしいと伝えています。

地域に住む人々が、「自ら変わっていく」ことを目指す

―地域の方々が学生を受け入れようとしないケースもあるのでしょうか？

「受け入れようとしない」というよりは、地域をよくすることを「諦めてしまっている」という感覚のほうが近いかもしれません。

そもそも、この地域に住んでいる親たちは、自分の子どもは県外に出しているわけです。子どもたちの人生だからどこで暮らそうとよいのですが、子どもは出しておいて、学生たちに期待するというのは、少し虫のよい話かもしれないと思うところはあります。

それに、地域の土地が耕されず、放置されていることも多いんですね。自治会などで「普段、食べている野菜はどうしているの？」と聞くと、「全部スーパーで買っている」という答えが返ってくる。それではダメです。

ここでの暮らしをよりよいものに立て直そうとか、

子どもたちに地域の素晴らしさを伝えて過疎化を食いとめようという自発的な思いがなければ地域はよくなっていきません。私たちの手でできるところまでやって、足りない部分を学生に手伝ってもらおうというのが本筋であるべきですし、そういう心構えでなければ持続可能性はないだろうと思っています。

—過疎化をゆるやかにするためには、その地域に住む人自身が、意識を変えていく必要があるというわけですね。

そうですね。本当は、地元に住む人たちが、その地域の課題を見つけられるようになるのが一番いいと思います。その課題とは、「あの地区の草刈りをしなきゃね」という単純なものではなくて、5年後、10年後を見据えたビジョンみたいなものです。これから先、この地域をどうしていきたいか、そして、どうなっていくのが理想なのかを見極めていくことが重要です。

大学との連携においても、学生にサポートしてもらうばかりではなくて、地元の人と学生がタッグを組んで一緒に取組んでいくことが大切ですね。

学生から「教わる」ことは、実はとても多い

—山田さんは、日本文理大学の学生たちに対して、どのような印象をお持ちですか？

そうですね、若い人たちならではの発想に驚かされることが多々あります。学生たちの言動から、こちらが学ばせてもらうことが、実はすごく多いんです。

昨年の地域活動でも、ハッとさせられることがありました。

その地域活動というのは、佐賀関半島の先端にある灯台周辺を観光資源にしようという取組みでした。昔は近くに海水浴場があり、賑わっていたものの、ここ20年くらいは誰も手をつけず放置されていて、草木が生い茂っていたような場所です。みんなで草刈りをすると、どんどん視界がひらけていって、「わー！海だー！」と学生たちが喜んでくれました。たしかにき

れいな海なのですが、地元の者しか辿り着けないようなへんぴな場所なので、万人受けするようなことは決してありません。

それなのに、ある学生が「このままでいいんじゃないかな。この海を変えないでほしい」というわけです。当然、保全は必要だけれども、新たな施設を建設して必要以上に整えることはしないでほしいと話していました。今ここにある豊かな自然をいかしたほうがいいという発想には、「まいったな」と思いました。

私たちの世代だと、新しい建物をつくって、そこにいかに人を呼ぶかという発想になりがちです。でも、そうやって振興した街には、結局いらなくなった建物や空き家があふれている。ところが、今の人たちは、昭和初期の私たちの発想とは真逆なんですよね。地域に住む人、その場所を使う人の視点を一番に考え、ここにどんな空間が必要かを思い描いている。

地域を活性化させようとするときに、一般的には「それなら企業を誘致しよう」とか、「観光地をつくって人をどんどん呼び込もう」とかを検討しますよね。でも、人がたくさん入ってくることばかりが地域活性化ではないし、私たちとしては佐賀関の自然を愛する人に来てほしいと思っています。そういうことを、学生たちから教えられたような気がします。

—ここまで大学と連携するメリットについてお話をうかがいました。反対に、学生たちと一緒に活動を行う難しさやデメリットを感じたことはありますか？

学生たちと連携して活動を行う難しさを感じたことはないですね。ただ、学生たちが有意義な活動ができるように、これから先に起こることを、予想しておくというのは心掛けています。ほかにも、気をつけなければいけないのは、地域に住む高齢者は、つい「過去の踏襲」ばかりをしてしまうということ。たとえば先日も、「釣りをしてみたい」という学生がいましてね。そんな時に過去の経験から、「その場所では釣れないよ」といってしまいそうになる。でも実際には、やってみないとわからないことは世の中にはあるでしょう。そもそも、「この場所で釣りをしてみたい」という気持ちと、過去に釣れたとか、釣れなかったという話は関係ないわけだから、試してみればいいのです。前例にとらわれず、学生と一緒になって挑戦してみることの大切さを実感しています。

学生たちと共に歩んできた佐賀関の「これまで」と「これから」

―これからの地域貢献活動については、どのような未来図を描いていらっしゃいますか？

佐賀関は、雄大な自然や海産物、寺社仏閣をはじめとする自然・文化遺産が豊かな地域です。しかし、その魅力を十分にいかすことができず、少子高齢化も急速に進んでいる。公共交通も縮小され、地域内のコミュニケーションが減少している現状もあります。

ですが、日本文理大学の学生たちが積極的に地域に入ってきてくれていることで、少しずつですが、地域内での交流が増え、コミュニケーションがスムーズになっているのも事実です。

大学との連携は、地域貢献活動において、とても魅力的です。デメリットはないといってもいいでしょう。活動の中で、地域の課題が浮き彫りにもなってきました。地元に住む人々自身が、古い慣習にとらわれずチャレンジをしたり、変わることをいとわなかったりと、学生を受け入れるだけの土壌がなければ意味がありません。そうでなければ、いくら大学と連携をしても、その機会をいかしきれません。

大切なのは、地域住民同士が本音で語り合うことです。佐賀関が賑わっていた昔を懐かしむのではなく、どうすれば今残されている資源を最大限いかせるのかを考えること。次世代を担う人材を育てることも含めて、今後もできる限り力を尽くしていきたいです。

学生インタビュー1

フィールドでの建設体験をいかし地域を支える仕事へ

日本文理大学工学部建築学科では、学生自身が一気通貫で建設工程を体験する授業がある。これは、日本の建築学科の中でも非常に珍しい。理論だけでなく、実践を重んじているのはなぜか。工学部　建築学科　4年の市原元紀さんの体験から探る。

【学生プロフィール】
工学部　建築学科　市原元紀さん（4年生）

すべての作業を自分たちで行う建設体験

―大学に入学した時の印象を教えてください。

「いろいろなところに行くんだな！」と思いました。1年生のときから大分県の豊後大野市に泊まり込みで行きましたし、大学を離れて授業を受ける機会が多かったんです。ただ、当時はレスリング部の活動を優先しており、授業を休まないといけないこともあったので両立は大変でしたね。

―印象に残っている授業は何かありますか。

3年生のときに吉村先生らが担当する科目で、豊後大野市にあるキャンプ施設「ふるさと体験村」で、構造物の設計、下準備から施工まで一連の流れを体験するという授業がありました。学生がチームをつくって、靴箱など実際に使う設備をつくるというもので、僕らのチームは8人で五右衛門風呂をつくりました。

この授業には先生が同行していましたが、基本的にすべての作業をするのは僕たち学生です。地元の人から要望を聞いたり、施工に必要な材料を調達したりと、実際の建設作業と同じような手順をひと通り学ぶことができました。施工に必要な材料は、先生を通じて発注します。あるとき、材料が足りなくなってしまって、吉村先生に伝えにいきました。すると、「口頭での注文は受け付けません」といわれ、きちんと追加発注書を用意することになりました。ビジネスの現場を体験したような気持ちでした。厳しかったですね（笑）

実地体験の苦労が学びにつながる

―作業はうまく進みましたか？

もともと施工は2日間で終える予定でしたが、実際は4日間もかかってしまいました。やってみると計画通りに進まないことばかりでした。たとえば、現場で打ち合わせをする時間が足りなかったり、地元の方から「こうしてほしかった」と後からいわれて、その場で設計からやり直すことになったりして、チームが混乱することもありました。

その上、僕自身も失敗してしまいました。僕は必要な材料の積算などの取りまとめを担当していましたが、実際に組み立てていると材料が足りなくなってしまったんです。

―この授業からどのようなことを学びましたか？

やはり、失敗も含めて建設現場のリアルを知れたことは大きな経験でした。失敗の原因を考えると、自分たちの力を見誤っていたことにあると思っていて、そもそも組んでいた工程にも無理があったんです。

これだけ大きな規模の構造物を建設するのは、はじめての経験でしたし、最初の頃はチームの連携も思うように取ることができず、準備不足が露呈してしまいました。ただ、社会に出て実際に建設の仕事をするのであれば、納期の遅れはあってはならないこと。大学生のうちに失敗を経験し、どうすればよかったかを考える機会が得られてよかったなと思っています。

あとは、コミュニケーションの大切さ

を実感しました。僕たちのチームは、冬場のコンクリートの練り方に自信が持てなかったんです。そこで、コンクリートに詳しい先生にお願いして手伝ってもらいました。自分たちだけでは解決できないときには、それに詳しい人と連携するという重要性を知りました。

―五右衛門風呂が完成したときは、どのように感じましたか?

自分たちの成長を感じることができました。後半には、僕やチームのメンバーもだんだんと効率的な動き方を覚えていったので、誰が指示しなくとも、それぞれに黙々と作業に没頭するようになっていきました。

完成後は、地元の方から「すごいものができたね!」と喜んでもらえました。失敗作は使ってもらえないというケースもあるんです。だからこそ、心から喜んでくれていることが、とても嬉しかったんです。

自身の成長を地域で暮らす人々の支援につなげたい

―最後に、大学4年間の感想をお聞かせください。

もともと僕はレスリングに力を入れるつもりで日本文理大学に入学しました。実際に、練習を積み、U－23の日本代表として国際遠征にも行きました。

しかし、部活動だけでなく、地域というフィールドに出て学ぶことができ、とてもよかったです。

この4年間で、自分自身が成長できたと感じていますし、高校までのように、ただ目の前のことにがむしゃらになるだけでなく、きちんと頭で考えて行動できるようになったと感じています。部活動と建築学科の学びの両立はなかなか大変でしたが、頑張ってこられてよかったです。

今後は、大学での学びをいかし、実際に地域に出向いて、そこに暮らす方や現場の人の意見を聞けるような働きをしたいですし、いろいろな人と協力しながら、各地域の課題を解決していきたいと思っています。

学生インタビュー2

地方で暮らす人々の幸せをつくる、地域創生人材を目指して

大分県佐伯市出身で、日本文理大学　経営経済学部　経営経済学科2年の渡邉政哉さん。地域創生人育成枠のAO入試を受験し、同大学に進学した彼は、どんな思いで進学先を選んだのだろうか。入試内容や学生生活についても話を聞いた。

【学生プロフィール】
経営経済学部　経営経済学科　渡邉政哉さん（2年生）

「地域に貢献できる人になりたい」という思いで入学

―渡邉さんは、大分県佐伯市の出身だとうかがいました。都心の大学に進学する級友も多い中、渡邉さんが県内の日本文理大学に進学する決断をしたのはどうしてですか？

もともと高校時代から地域貢献に興味があり、まちづくりに関わる活動をしていました。その中で、町に若者が足りていない現状を感じていたんです。地域ではどんどん高齢化が進んでいて、お年寄りだけでは解決できないことも増えています。だから私は、都会に出ていくよりも、若者が必要とされている地方で活躍する人材になりたいと思いました。「地方の大学で、地域のことを学びたい」という思いが強かったです。

―日本文理大学については、どのようなイメージを持っていましたか？

ホームページなどを見て、地域で活躍する人材を育てることに力を注いでいる大学なんだと知り、興味を持ちました。「地元を元気にしたい」という自分の思いと合致していて、興味を惹かれたのを覚えていま

す。ただ、入学前に抱いていたのは「地域活動に強い学校なのかな」という漠然としたイメージだけ。ですから、実際に受験して衝撃を受けました。試験内容そのものが、地域に根ざしたもので、他大学とはまったく違っていましたから。

フィールドワークを取り入れた入試に衝撃

—どのような入試内容だったのですか?

私は地域創生人育成枠のＡＯ入試を受けたのですが、入試の受験場所が大分県内の「佐賀関」というところでした。佐賀関は、「関あじ」や「関さば」の漁場として有名なのですが、漁師さんの高齢化が進み、漁獲量が低下している港です。まさに少子高齢化を象徴するような場所で、フィールドワークが行われたんです。

当日は、「受験者同士協力して、佐賀関が抱える課題を洗い出してください」というお題が出されました。各々が資料を読み込み、内容をプレゼンテーションし合い、課題を洗い出すというグループワークです。取組んでいる最中には、「あれ？これ、本当に入試なのかな」と感じました。正直、途中で受験していることを忘れていました（笑）

—通常の入試では「ライバル」となる受験生同士が、協力し合ってグループワークを行うわけですよね。戸惑いはなかったですか?

最初は、戸惑いました。でもグループワークを進めるうちに、自然と役割分担ができていったんです。集合場所の大学から現地に一緒に移動する中で話をしたのですが、その時の受験生はみんな生徒会をしているなどリーダー気質なタイプばかりだった

んです。私も、高校ではみんなを引っ張るタイプでしたが、全員がリーダーをしたところで、スムーズに議論は進みませんよね。そこで、一人のメンバーにリーダー役を譲り、もう一人がみんなの意見を付箋に書いていくというように、それぞれが異なる役割を担って進めていきました。

もののの見方が変わった！　成長を感じた1年

―実際に日本文理大学に入学して、ご自身の変化はありましたか？

1年生の時から、どんどん地域に出て活動を行っています。たとえば、人口が減少している地区と協力して「大学生がどのように関われば地域が活性化するか」を考えたり、「取組みを行う上での課題は何か」を調査したりしています。

高校時代と比較して、ひとつ大きな変化を挙げると、「ものの見方が変わった」ということです。

高校時代はとにかく、「地域に貢献したい」という想いだけでした。ですが、今はもっと広い視野を持てるようになったと感じます。

「地域活性化」と一口にいっても、根底にある考え方や方法は、人それぞれです。通常は人口が増え、経済的に豊かになれば「活性化した」というのかもしれません。しかし、地域のために活動をしていると、一概にそうともいい切れないのではないかと思うようになりました。地元の人たちが、お金では解決できないことで困っていることもあるからです。

私自身は、もっと「地域の人たちの声に耳を傾けることが大切だと考えています。人々が「不便なく生活できること」、もっといえば、「毎日を楽しんで幸せに暮らせるようになること」が、本当の意味での地域活性化なのではないでしょうか。その実現に向けて、自分にできることを増やしていけるように、これからも大学で学んでいきたいです。

ほんとうに子ども・若者が育つ教育を！

おわりに　〜変わる大学選び〜

最後までお付き合いいただきまして、誠にありがとうございます。

本書は、3大学の真摯な取組みの報告であると同時に、日本の大学の「今」についてささやかな提言を述べたものです。それぞれの教育現場にはそれぞれの課題があり、他の現場で成功した事例をそのまま当てはめてもうまくいくものではありません。しかし、3大学を含めて改革がうまく進んでいる大学を俯瞰してとらえると共通項が見えてきます。

本書でお伝えしたかったことを一言でふり返ると「組織開発なくして、教育改革なし!」ということになります。それぞれの大学の課題の多様性はあったとしても、この大原則を外して改革は成り立たないでしょう。

最後に、これからの大学選びについて私見を述べたいと思います。本書のサブ・タイトルが示すように「偏差値による進路選択からの脱却」ということなのですが、具体的にはどうしたらいいのでしょうか。保護者や受験生のみなさんは大学教育の専門家ではないのですから、大学の実情を知り、正しい評価をくだすのは並大抵なことではありません。

そこで、こんな点に気をつけてみると参考になりますよ、ということを簡単に記しておきます。

◆大学選びの6つのポイント

(1) ミッションの明確さ

大学のホームページには、教育目標やディプロマ・ポリシー、シラバスなどが掲載されています。しかし、ディプロマ・ポリシーは示していても、それをどの科目の授業でどのように育てるのかが示されていない場合が多いのです。ここがぼんやりしたままでは、目標を実現するためにどのようなステップが必要だとこの大学が考えているのかがわかりません。もしかしたら、そこまで設計できていないかもしれません。そこで、2つの項目を確認しましょう。

・ミッションに対して、どう実現しようとしているか
・各授業で、どのような力がつくのかを明記しているか

(2) アクティブ・ラーニングの実施度

専門の知識・技能を習得するのはもちろんですが、授業の中で、あるいは課外活動で、社会につながる豊富な経験を積む機会が設けられているかをチェックしましょう。具体的には、次のような点を確認してください。

・通常の授業の中で話したり、書いたり、発表したりする機会がある
・プロジェクト活動が必須化されており、学んだことを活用する機会が用意されている
・卒論や卒業研究、ゼミ論など、大学での学びを統合する機会がある

(3) 学生を育てる評価の導入度

大学のシラバスで、どのように評価がなされるのかを確認してください。出席点の割合がやたらと高い大学は要注意。また、学生の学びを形成的に評価するルーブリックや学びを客観視するテストを行っていることも重要なポ

イントになります。

- ・卒業時に到達すべき教育目標を評価できるルーブリックが作成されている
- ・ポートフォリオの導入など、学生の学びを支える仕組みができている
- ・学生の学びに即して、教員が適切なフィードバックをする仕組みができている

(4) キャリア教育の充実度

キャリア教育は、職業教育と混同されがちですが、自分の将来の見通しを持ち、必要な能力を身につけることが本筋です。職種や企業を知ることは「職業教育」としては大切なポイントで、就職部などがサポートしています。しかし、変化の激しい現代社会を生き抜く力を身につけるのは、授業や課外活動の中で、どんな職業でも必要となる素地を身につけることが重要なのです。

- ・自分の将来についての見通しや計画を立てる時間がある
- ・自分の強みや弱みについて理解を深める時間が設けられている
- ・インターンシップなど、社会的な経験を積む機会が用意されている

(5) 教員の連携度

本書で再三強調している点ですが、教育改革は教員の連携を促す組織開発抜きには実現しません。しかし、この点は学校外部から見えにくいところです。オープンキャンパスに参加して「先生方は連携していますか?」と質問

しても、当たり障りのない答えが返ってくるだけでしょう。この点に関しては、先輩である在校生に尋ねてみるのが一番です。教員が連携して取組んでいれば在校生はすぐ気がつくはずです。ぜひ、オープンキャンパスや見学の際には、学内を歩いている先輩に話を聞いてみるといいでしょう。

(6) ガバナンスの一貫性

最後は大学のガバナンスについてです。昨今のニュースでも、不正入試や部活動での不適切な指導、セクシュアルハラスメントなどについて、頻繁に取り上げられています。こんな話題で持ちきりになるのは、どの大学にとっても不名誉なことでしょうが、それだけ大学のガバナンスが世の中から注目されているということでもあります。

- 学長、理事長など責任ある立場の者がきちんと説明責任を果たしているか
- 大学の将来像を描き、それにむけて改革を進めているか
- 研究や教育の質を高める施策を実施しているか

ガバナンスの一貫性ではこのようなことがポイントとなりますが、大学のホームページで公開されている内容を見るだけでもおおよその様子はわかると思います。

私たちは、「大学リーダーシップ研究会」というささやかな会を立ち上げました。大学現場の悪戦苦闘の日々を、少し俯瞰してとらえ直し、そこから見えてきたことを言語化し、次の変容を促すナレッジを形成する。先行事例や理論を検討し、研究者を交えて知見を深める。ささやかではあっても、理論と実践を往還する会にしていきたいと思います。ぜひ、読者のみなさまと、この会を通じて交流を深められると嬉しいです。

本書の刊行にあっては、巻頭の対談を快く引き受けていただいた中原淳先生、素晴らしい取組み事例として取材にご協力いただいた北陸大学、共愛学園前橋国際大学、日本文理大学の教職員や学生のみなさま、行政、地域のNPOの方々、そして多大なご尽力をいただいたレゾンクリエイト社の安澤真央さん佐藤智さんのお2人には、この場を借りて厚く御礼申し上げます。本当にありがとうございました。

書くということは書かない、あるいは書けないということを不断に生み出します。今は、書き切ったという感慨よりも、書けなかったというもやもやとした思いに包まれてきます。カントが「地平」と呼び、ジェンドリンが「エッジ」といった「そこ」こそが、出来事と言葉が格闘する場であり、生きた「意味」が産まれるところでもあります。そして再び、経験の泉から生きた言葉を汲みだすことができれば幸いです。

2018年9月　成田秀夫

【編著・報告者一覧】

大森昭生（おおもり・あきお）　＊第5章担当

共愛学園前橋国際大学　学長

東北学院大学大学院博士後期課程在籍中の１９９６年に共愛学園女子短期大学（当時）専任講師に着任。共愛学園前橋国際大学国際社会学部長、副学長等を経て、２０１６年より現職。専門はアメリカ文学で特にヘミングウェイを研究。文科省や群馬県等の各種公的委員を務めるほか、各地での講演多数。３児を育てており、２人目・３人目出産に際し育児休業を取得。全国の学長が注目する学長ランキング３位（大学ランキング２０１９）。

成田秀夫（なりた・ひでお）　＊第1章〜第3章担当

河合塾　講師（現代文）／開発研究職／河合文化教育研究所研究員

１９９１年、中央大学大学院文学研究科博士後期課程満期退学（哲学修士）。経済産業省「社会人基礎力」立ち上げ、大学生のジェネリックスキルを育成・評価する「ＰＲＯＧ」や高校生を多面的に評価する「学びみらいＰＡＳＳ」の開発に携わる。２０１５度から２０１７年度まで東京大学・大学教育総合センター共同研究員。現在、初年次教育学会理事。著作に、「アクティブラーニングをどう始めるか（アクティブラーニング・シリーズ）」２０１６（東信堂）などがある。

山本啓一（やまもと・けいいち）　＊第4章担当

北陸大学　経済経営学部教授　学部長

1999年一橋大学法学研究科博士課程修了。2001年九州国際大学法学部に専任講師として着任。2008年から2012年まで同大学法学部長をつとめ、公務員育成コース（リスクマネジメントコース）の立ち上げ、初年次教育改革、カリキュラム改革等を手がける。2016年より北陸大学に着任、経済経営学部の入学者を2倍に増加させた。初年次教育学会理事。近著に『学部マネジメントと学部長の役割』（大学マネジメント2018年7月号）などがある。

吉村充功（よしむら・みつのり）　＊第6章担当

日本文理大学　工学部建築学科教授／学長室長／教育推進センター長

専門は交通計画、土木計画学、初年次教育。2003年に、広島大学大学院工学研究科環境工学専攻博士課程修了。日本文理大学で、「人間力育成プログラム」を立ち上げ、人間力育成センター長として推進。経済産業省「体系的な社会人基礎力育成・評価システム開発・実証事業」、文科省「大学生の就業力育成支援事業」「地（知）の拠点整備事業」の事業推進責任者を務め、全学での教育改革を先導。（公財）日本財団学生ボランティアセンター理事。

なお、第6章日本文理大学の事例報告は、高見大介日本文理大学人間力育成センター長も一部担当。

高見大介（たかみ・だいすけ）

日本文理大学　工学部建築学科助教／人間力育成センター長

専門はボランティア学習、初年次教育、学生ボランティア実践、市民工学。日本文理大学工学部土木工学科卒。日本文理大学では、立ち上げ時から人間力育成センターに関わり、学生の主体的社会参画をボランティア活動で実践する。東日本大震災をはじめ、各地の災害時においても学生と共に広く活動を展開している。現在、日本ボランティア学習協会理事、大分県ユネスコ協会連盟副会長、大分県少年の船アドバイザー等も務める。

出典書籍一覧

『ひとはもともとアクティブ・ラーナー』（北大路書房）山辺恵理子（著・編集）・木村充（著・編集）・中原淳（著・編集）・堤ひろゆき（著）・田中智輝（著）

『アクティブラーニングをどう始めるか』（東進堂）成田秀夫（著）・溝上慎一（監修）

『多元化する「能力」と日本社会ｰハイパー・メリトクラシー化の中で』（NTT出版）本田由紀

『教育における評価の理論Ⅰ　学力観・教育観の転換』（金子書房）梶田叡一

『活躍する組織人の探求　大学から企業へのトランジション』（東京大学出版会）中原淳・溝上慎一（編）

『どんな高校生が大学、社会で成長するか「学校と社会をつなぐ調査」からわかった伸びる高校生のタイプ』（学事出版）溝上慎一責任編集

『PROG白書2015，2016，2018』

『カレッジマネジメント209号』（リクルート）より、リアセックキャリア総合研究所所長角方正幸寄稿

奥付

今選ぶなら、地方小規模私立大学！
～偏差値による進路選択からの脱却～

２０１８年10月19日　初版第１部発行

発行者　安澤真央
発行所　株式会社レゾンクリエイト
〒１０１－００４１
東京都千代田区神田須田町１－18－１
アーバンスクエア神田８０２
０３－５２０７－２４５５
編集・執筆　レゾンクリエイト　佐藤智
執筆協力　井上佐保子、猪俣奈央子
装丁　ＭＥＳＳＡ　原田元彰
印刷・製本　西谷印刷株式会社

ISBN　978－4－9909928－1－1

定価はカバーに表示してあります。